高山正也・植松貞夫 監修
現代図書館情報学シリーズ…3

図書館情報技術論

[編集] 杉本 重雄
阪口 哲男
永森 光晴
原田 隆史
藤田 岳久
　　共著

樹村房

監修者の言葉

　わが国に近代的な図書館学が紹介されたのは19世紀末頃と考えられるが，図書館学，図書館情報学が本格的に大学で教育・研究されるのは1950年に成立した図書館法による司書養成制度を受けての1951年からであった。それから数えても，既に半世紀以上の歴史を有する。この間，図書館を取り巻く社会，経済，行政，技術等の環境は大きく変化した。それに応じて，図書館法と図書館法施行規則は逐次改定されてきた。その結果，司書養成科目も1950年の図書館法施行規則以来数度にわたって改変を見ている。

　それは取りも直さず，わが国の健全な民主主義発展の社会的基盤である図書館において，出版物をはじめ，種々の情報資源へのアクセスを保証する最善のサービスを提供するためには，その時々の環境に合わせて図書館を運営し，指導できる有能な司書の存在が不可欠であるとの認識があるからに他ならない。

　2012(平成24)年度から改定・施行される省令科目は，1997年度から2011年度まで実施されてきた科目群を基礎とし，15年間の教育実績をふまえ，その間の図書館環境の変化を勘案し，修正・変更の上，改めたものである。この間に，インターネット利用の日常生活への浸透，電子メールやツイッター，ブログ等の普及，情報流通のグローバル化，電子出版やデジタル化の進展，公的サービス分野での市場化の普及などの変化が社会の各層におよび，結果として図書館活動を取り巻く環境や利用者の読書と情報利用行動等にも大きな構造的な変化をもたらした。この結果，従来からの就職市場の流動化や就業構造の変化等に伴い，司書資格取得者の図書館への就職率が大きく低下したことも率直に認めざるを得ない。

　このような変化や時代的要請を受けて，1997年版の省令科目の全面的な見直しが行われた結果，新たな科目構成と単位数による新省令科目が決定され，変化した図書館を取り巻く環境にも十分適応できるように，司書養成の内容が一新されることとなった。そこで，樹村房の「新・図書館学シリーズ」もその改定に合わせ内容を全面的に改編し，それに合わせて，「現代図書館情報学シリーズ」と改称して新発足することとなった。

「図書館学シリーズ」として発足し，今回「現代図書館情報学シリーズ」と改めた本教科書シリーズは，幸いにして，1981(昭和56)年の創刊以来，樹村房の教科書として抜群の好評を博し，実質的にわが国図書館学，図書館情報学の標準的教科書として版を重ねてきた実績をもつ。これもひとえに，本シリーズをご利用いただいた読者各位からのご意見やお励ましと，執筆者各位の熱意の賜物と考えている。

監修にあたって心がけたのは，この「現代図書館情報学シリーズ」で司書資格を得た人たちが図書館で働き続ける限り，その職能観の基礎として準拠しうる図書館情報学観を習得してもらえる内容の教科書を作ろうということであった。すなわち，「図書館学は実学である」との理念のもとに，アカデミズムのもつ概念的内容とプロフェッショナリズムのもつ実証的技術論を融合することであった。そのこと自体がかなり大きな課題となるとも想定されたが極力，大学の学部課程での授業を想定し，その枠内に収まるように，その内容の広がりと深さを調整したつもりである。一方で，できる限り，新たな技術や構想等には配慮し，養成される司書が将来志向的な視野を維持できるよう努力したつもりでもある。これに加えて，有能な司書養成のために，樹村房の教科書シリーズでは各巻が単独著者による一定の思想や見方，考え方に偏重した執筆内容となることを防ぐべく，各巻ともに，複数著者による共同執筆の体制をとることで，特定の思想や価値観に偏重することなく，均衡ある著述内容となることをこのシリーズにおいても踏襲している。

本シリーズにおける我々の目標は決して学術書として新規な理論の展開を図ることではない。司書養成現場における科目担当者と受講者の将来の図書館への理想と情熱が具体化できる教材を目指している。その意味で，本シリーズは単に司書資格取得を目指す学生諸君のみならず，現職の図書館職員の方々や，図書館情報学を大学(院)等で研究する人たちにも役立つ内容をもつことができたと自負している。読者各位からの建設的なご意見やご支援を心からお願い申し上げます。

2011年2月

監 修 者

序　文

　1990年代後半のインターネットの爆発的な広がり以来，私たちの情報環境はめまぐるしく変化し続けてきた。昨今は，スマートフォン，タブレット端末，電子書籍等，新しい話題に事欠かない。その一方，司書課程で学ぼうとする学生諸君にとって，こうした新しい情報技術が図書館にとっていかに重要な話題であるか，そしてそうした情報技術が図書館といかに強く結びついているかは直感的にはわかりにくいかもしれない。

　古代から，図書館には多くの書物が集められてきた。書物は，その時代における最新の情報技術を用いて，私たち人間が持つ知識や情報を表現し，記録してきたものととらえることができる。また，多数の書物を集めたとたんに，それらを効率的に利用するための技術，適切に保存するための技術，そして社会のニーズや制度に合わせて利用者に提供する技術が必要になる。すなわち，書物の内容やその整理方法，利用方法といった無形物を対象とする技術が重要な役割を持つことになる。こうした無形物と，書物や本棚そして建物といった有形物の両方をいかにうまく使い，いかに上質なサービスを提供するかも図書館に求められる重要な情報技術である。ネットワークが情報流通の基盤となっている現代においては，図書館が現代のネットワーク情報環境に合わせた上質なサービスを展開していかねばならないことはいうまでもない。

　図書館に求められる基本的な役割は，利用者のニーズに合わせて書物，資料を提供すること，そして利用者が有用な書物，資料を見つけ出すための支援をすることである。そのために，多くの資料を集め，整理し，保存しているのである。この役割を果たすには，世の中の情報技術の進歩に合わせて，利用者が使いやすい情報環境を図書館自身が作り上げていかねばならない。情報技術の進化は激しく，それに合わせて社会の情報技術の利用方法もめまぐるしく変わっていく。したがって，図書館はこうした変化に追随できる能力を持たねばならず，先頭を切って走っていく努力をしなければならない。

　1990年代に，インターネットが爆発的に広がりだしたとき，図書館のデジタル化は真っ先に取り組まれたトピックの一つである。図書館は電子資料の提供

のみならずインターネットへのアクセス環境としても重視されることになった。一方，図書館におけるデジタル化の進展は図書館に来館しない利用（非来館型利用）を増やした。例えば，学術雑誌の電子ジャーナルは現在の研究者にとってはなくてはならない図書館サービスである。わが国では，電子書籍のサービスが始まったばかりで，図書館現場への導入もまだこれから始まろうとしている段階であるが，社会全体で電子書籍の利用が進んだときに図書館だけが枠の外ということはありえない。ある程度の技術的知識なしに，そうした環境下でのサービスを提供することは不可能である。

　本書の目的は，現代の図書館において必要とされる情報技術について述べることである。情報技術の進化は非常に速いので先端的なものほどすぐに古くなってしまうことが多くある。本書では，図書館で利用される情報技術としてできるだけ基本的なもの，落ち着いた技術を中心に解説している。図書館のサービスを支える情報技術のすべてを理解するには，現代のコンピュータとインターネットのしくみを十分に理解する必要がある。しかしながら，司書課程の範囲内であることと紙面の制約のために，できる限り一般性を持ちつつ，図書館の情報サービスを支える機能の実現に必要な内容に限定した。また，技術用語が難しいということもよく聞くので，できるだけ専門的な技術用語は限定するようにしている。とはいっても，コンピュータやネットワークは人間が作り上げてきたものであり，人間が作り出した概念や技術の上に乗っているものである。そのため，専門用語とその意味を理解することも図書館の情報技術を理解することの一部であると考えて学習を進めていただきたい。コンピュータの働きを理解する最もよい方法は，自分でプログラムを書き，実際に動かしてみることである。そうすることでコンピュータがどのようにデータを解釈し，処理するのかについてのイメージをつかむことができるようになる。そうすれば，新しい技術が現れた時にでも，それを理解しやすくなることは間違いない。

　本書の執筆の機会を与えていただいた高山正也先生，植松貞夫先生に深く感謝の意を表したい。また，我慢強く執筆編集の過程を見守り，支援いただいた樹村房大塚栄一氏に尊敬と感謝の意を表したい。

2013年12月

編集責任者　杉本　重雄

図書館情報技術論
も く じ

監修者の言葉　iii
序文　v

1章　情報技術と図書館 ―――――――――――――1
　1．図書館の視点から情報技術を考える ················1
　2．図書館サービスを支える情報技術 ················9
　3．ネットワーク情報化社会の中での図書館 ················12

2章　コンピュータとネットワークの基礎知識 ―――16
　1．コンピュータのしくみ ················16
　　（1）コンピュータの動作原理　17
　　（2）外部記憶装置とファイル　20
　　（3）入出力装置　24
　　（4）ソフトウェアとオペレーティングシステム　26
　　（5）データベース　32
　　（6）ユーザインタフェース　35
　　（7）図書館におけるコンピュータの利用　36
　2．デジタルとは ················37
　　（1）デジタルの考え方　37
　　（2）文字のデジタル表現　41
　　（3）画像のデジタル表現　44
　　（4）音声と動画のデジタル表現　46
　3．コンピュータネットワークと World Wide Web ················48
　　（1）コンピュータネットワークとは　49
　　（2）インターネット上のサービス　53
　　（3）デジタルデータのやりとりの取り決め：プロトコル　55

（4）World Wide Web のしくみと技術　　*56*

3章　インターネットを利用した情報の発信 ―――――*61*
　1．Web ページ作成の概要 ··*61*
　2．HTML と CSS による基本的な Web ページ作成 ···················*63*
　　（1）HTML　　*63*
　　（2）CSS　　*67*
　　（3）より柔軟な Web ページ作成のために　　*70*
　3．高度なユーザインタフェースとデータ管理の実現 ················*72*
　　（1）表現方法を多彩にする技術　　*72*
　　（2）双方向性を持つ Web ページの実現　　*73*
　　（3）Web サイト構築・管理の技術　　*74*
　4．Web ページのアクセシビリティ ···*77*
　5．XML：構造化文書の記述 ··*80*
　　（1）XML の具体例　　*80*
　　（2）文書型宣言：DTD　　*81*
　　（3）スタイルシート　　*83*

4章　電子文書と電子出版，電子書籍 ―――――――――*84*
　1．電子文書とそのフォーマット ··*84*
　　（1）電子文書とは　　*84*
　　（2）電子文書の作成過程による分類　　*85*
　　（3）レイアウトが固定かリフロー可能か　　*87*
　　（4）さまざまな電子文書フォーマット　　*88*
　2．電子出版と電子書籍 ··*91*
　　（1）電子文書の流通とその媒体　　*91*
　　（2）複製制限と権利管理のための技術　　*92*
　　（3）電子文書・電子書籍の閲覧・再生環境　　*94*

5章　図書館システム ―――――――――――――――――――― 96

1．図書館システムの定義と歴史 ……………………………………… 96
（1）図書館業務システム　96
（2）図書館システム導入の歴史　97

2．図書館業務と図書館システム ……………………………………… 99
（1）図書館資料の選書・発注と受け入れ　100
（2）目録データの作成　100
（3）利用者情報の登録　103
（4）目録情報の提供：図書館資料の検索　104
（5）図書館資料の提供：貸出・返却および閲覧など　107
（6）その他　110

3．図書館システムのしくみ …………………………………………… 111
（1）図書館システムとデータベース管理システム　111
（2）リレーショナルデータベース管理システム（RDBMS）　113
（3）RDBMSと図書館業務　117
（4）SQL（Structured Query Language）　118
（5）RDBMSを用いた簡単な図書館システムの作成例　121
（6）実際の図書館システムにおけるデータ管理高度化のしくみ　130

4．図書館システムに対する新しい要求 ……………………………… 132
（1）図書館が取り扱う資料の拡大　132
（2）利用者支援機能の充実　133
（3）システム間連携の充実　134
（4）オープンソース・ソフトウェア（Open Source Software：OSS）　135
（5）図書の全文を対象とした検索　137

6章　ネットワーク情報資源とメタデータ ――――――――――― 142

1．メタデータ …………………………………………………………… 142
（1）メタデータの概要　142
（2）メタデータの記述対象　143
（3）メタデータの種類　144

（4）身近なメタデータの例　　*144*
　2．メタデータスキーマ ·· *148*
　　（1）メタデータスキーマの概要　　*148*
　　（2）メタデータスキーマの基本要素　　*149*
　　（3）メタデータ語彙　　*149*
　　（4）メタデータ語彙とアプリケーションプロファイル　　*150*
　3．代表的なメタデータ語彙 ·· *151*
　　（1）Dublin Core Metadata Element Set　　*151*
　　（2）Dublin Core Metadata Terms　　*152*
　　（3）FOAF　　*153*
　4．Linked Data（リンクするデータ）··· *154*

7章　図書館サービスにおけるネットワーク情報資源の利用 ——— *157*
　1．ネットワーク情報資源の提供 ·· *157*
　2．RDF：メタデータ記述のための枠組み ······································· *160*
　　（1）URI：情報資源の識別子　　*160*
　　（2）名前空間（Namespace）：名前の衝突を防ぐしくみ　　*162*
　　（3）RDF　　*163*
　　（4）RDFの記述例　　*168*
　　（5）RDFスキーマ：メタデータ語彙の定義　　*171*
　3．Web APIの利用 ·· *173*
　　（1）URIとHTTPによる通信　　*173*
　　（2）REST　　*175*
　　（3）OpenURL　　*176*
　　（4）コンテントネゴシエーション　　*177*
　　（5）Web APIの利用例　　*178*

8章　図書館の情報システムの安全性と信頼性 ——— *182*
　1．図書館サービス提供のための情報システムの安全性と
　　信頼性の確保 ·· *182*

（1）継続的運用とシステムの安定性　*182*
　　（2）システムにおけるデータの保全　*187*
　2．外来の脅威：マルウェアと不正アクセスとその対策 ……………*189*
　　（1）マルウェアとその対策　*189*
　　（2）迷惑メールとフィッシング，標的型攻撃への備え　*191*
　　（3）システムへの侵入対策　*192*
　　（4）館内利用者端末の保全　*193*

9章　ネットワーク社会の中での図書館サービス ―――*195*
　1．ネットワークを情報基盤とする社会における図書館サービス ……*195*
　2．電子図書館（デジタル図書館，Digital Library）……………………*196*
　3．ネットワーク環境における書誌データ（メタデータ）の役割 ……*197*
　4．デジタル情報資源のアーカイブと長期利用・長期保存 ……………*198*
　5．利用者や利用環境の特性に応じたサービス …………………………*199*
　6．ネットワークを介してつながること：相互運用性と開放性 ………*199*

参考文献　*201*
さくいん　*205*

【本書の執筆分担】
1章	杉本重雄	2章	藤田岳久
3章	藤田岳久	4章	阪口哲男
5章	原田隆史	6章	永森光晴
7章	永森光晴	8章	阪口哲男
9章	杉本重雄		

1章　情報技術と図書館

　図書館は古代から多くの情報と知識を蓄えた多数の書物を収集・蓄積し，そして効率的かつ適切に利用するためのさまざまな技術を発達させてきた。現代の図書館は先端的な情報技術（Information Technology：IT）[1]なしには存在しえないものとなっている。かつては図書館におけるコンピュータの利用というと，目録検索システムやCR-ROMの利用といったことに限られていた。しかし，インターネットや携帯電話が社会的な情報基盤となってしまった現在では，情報機器が私たちの生活に深く入り込み，コンピュータやインターネット抜きに図書館サービスを考えることができなくなっている。

　1章では，図書館を支えるさまざまな情報技術を具体的に説明する前段階として，なぜ図書館において情報技術が重要なのか，どのような情報技術で図書館が支えられているのかについて述べ，図書館の視点から情報技術とはどのようなものかについて考える。

1．図書館の視点から情報技術を考える

　現在，パソコンやスマートフォンなどからインターネットを介して，高速検索やネットショッピングサービスを使うことがごく普通になっている。一方，多くの図書館がホームページを持ち，インターネット上に蔵書検索サービスを提供している。さらに，それらをまとめて横断的に使うサービスが第三者によって提供されている。また，文化財や歴史的資料をデジタル化し提供するサービス，電子書籍，電子ジャーナルを提供するサービス，インターネット上で発信されるさまざまな文書，資料を収集し，蓄積，保存するアーカイブ作りも進んでいる。このように図書館の情報環境は高度に発達してきた情報技術の上に

1：情報通信技術（Information and Communication Technology：ICT）と記述することもある。ここでは，情報の表現や処理を中心とするので情報技術と記している。

おかれている。では，図書館にとって，情報技術とはどのようなものなのであろうか。

現代では，情報技術ということばは，コンピュータやネットワークなどの先端的な電子情報技術によって作り上げられた道具を使い，大量の情報を効率よく効果的に表現し，伝え，蓄積し，加工し，そして利用するための技術を意味している。一方，情報技術は，人と人がコミュニケーションすることで成り立つ人間社会を支える根源的な技術として，コンピュータの出現よりはるか以前から存在しているものであることも理解できる。

「情報とは何か」をきちんと定義することは他書に譲ることにして，本書では，情報を「人が伝えたいなにか」，あるいは「人が知りたいなにか」ととらえることにする。また，情報は，ある「もの」あるいは「こと」を他と区別することから生まれるともいえる。そうすると，情報技術とは，「人が伝えたい何かを表し，それを他者に伝え，そしてそこから何かを得るための技術」ということになる。この考え方に基づくと，人が他者に何かを伝えるために使う道具や方法は何であれ情報技術によりできているといえる。例えば，絵で何かを伝えるとすれば絵を描くための道具や材料，描き方は情報技術である。旧石器時代の洞窟壁画であっても，当時の人が伝えたいことを表すために当時の情報技術を利用して描いたものととらえることができる。人間にとって，ことばはさまざまなことを表現するためのきわめて基本的な手段である。したがって，ことばを表現するための道具，すなわち文字は，人間にとって何かを伝えるためには非常に重要な道具である。文字を書き，記録するための，粘土板やパピルス，そして紙，さらにペンや鉛筆，インク，活字も人間が作り出してきた重要な技術であるといえる。こうした技術を利用することによって，遠くにいる人たちの間でのコミュニケーションが可能になり，そして将来の世代に対して記録を残すことができるようになった（1-1図参照）。

時代とともに，何かを表し記録した書物が多く作り出されるようになり，それらを集めて，保存し，利用する場が作られることになる。数多くの書物を保管するには，適切な入れ物が必要とされる。入れ物は，そこに入れるものの形や性質に合ったものでなければならず，加えて使い方にも合っていなければならない。私達が本棚と呼んでいるものは多数の巻物を置くには向いていない。

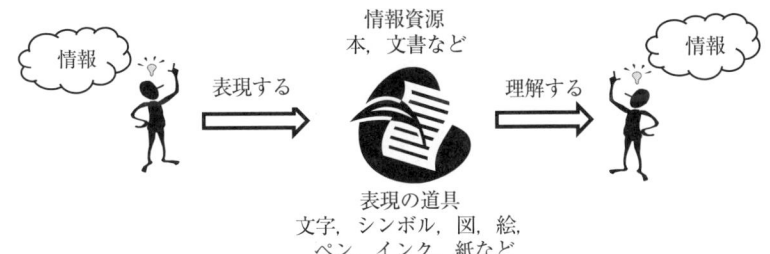

1-1図　情報を表現し，理解するための技術

とすれば，巻物が多く作られた時代には，巻物を多く置くのに適した入れ物が必要であったはずである。また，鎖で本をつないだ本棚も作られていた時代もある。図書の複製が作りにくく図書が貴重であった時代には，図書のところに読者が行って読まねばならなかったのであろう。こうしたさまざまな本棚も，その時代の技術と環境に合わせて作り出された情報技術の一つといって良い。

　一方，多数の書物が作られるようになると，多数の書物を集めておいて，その利用者に提供する場，すなわち図書館が登場してくる。産業革命以降の社会の工業化とともに印刷技術も発展し，社会の要請に合わせて大量の出版物が作られるようになると，多様かつ大量の文書や図書を，多様な利用者が効率的に利用するための環境としての図書館が必要になってくる。多数の文書や図書が集められることになる図書館においては，それらを適切に分類し，配列・配架し，効率的に探すための技術と手法が作り出されることになる。文書や図書を適切に分類し，索引や抄録，目録等を作る資料の組織化技術，文書化技術，さらにそれに連なる配架，検索のための技術や道具はこうして生み出されてきた。

　現代社会で用いられるコンピュータやネットワークの技術は，昔から使われてきた紙とインクといった技術とは全く異なるように思えるかもしれない。しかし，人間が表したい内容を，人間が読みやすい形で実現するという視点で見ると共通点が見えてくる。例えば，印刷のためにつくられた活字が，コンピュータ上では文字コードとフォントの組み合わせに置き換わり，紙や画面での文字の印刷・表示に利用されている。文字コードを使うことで，文字をベースにした検索をコンピュータ上で行えるようになり，人間とは比較にならない速度

で大量の情報を扱えるようになった。また，電子書籍の場合，冊子の形で作られる本の機能をコンピュータ上に置きなおすことによって作り出されているものが多くある。紙のページをめくる感覚で読む機能はその典型であろう。その一方，本の内容の検索機能や音や動画を入れ込むことなど，電子書籍でなければできない機能も実現されている。

　このように文書や図書，そして図書館も，古代から人間が作り出してきたさまざまな情報技術の上に成り立っていることが理解できる。そして，図書館は情報技術の利用者であったのみならず開発者であったことも理解できる。図書館は，所蔵すべき資料を選び，集め，利用と管理のために組織化し，それらを利用に供し，そして将来の利用者のために保存する。このすべての過程においてコンピュータが利用されるようになった。文書化，目録の技術，分類方法，検索の道具がコンピュータ上で作り上げられてきたことによって膨大な資料の検索や管理，そして資料への迅速なアクセスへの要求に応えることができるようになった。こうしたことを考えると，図書館においてコンピュータとネットワークを用いた情報サービスが社会に先駆けて展開されてきたこと，図書館員が資料を扱う情報技術使いこなす専門的な知識を持たねばならないことも理解できる。

　現代においてはインターネットが社会の情報基盤になっている。コンピュータネットワークの研究が始まったのは1960年代であるが，現代の世界的なネットワーク基盤開発は，1990年代の国家情報基盤や世界情報基盤という国家的そして世界的取り組みの下ではじめられた。その取り組みの中で認められた重要な領域の一つに電子図書館（デジタル図書館，Digital Library）がある[2]。それ以来電子図書館の研究開発がさかんに行われてきた。現代では，図書館を含めさまざまなサービスがデジタルコンテンツの上に作り上げられており，電子図書館サービスも特別なものではなくなっている。以下では，デジタル化，あるいはデジタルコンテンツ化によってどのような変化が起きたのか考えてみたい。

　はじめに，情報を表現し書物にしたり，あるいは書物を整理したりするために作り上げられてきた技術を簡単に分類してみよう。

2：長尾真．電子図書館．新装版，岩波書店，2010，127p.
　田畑孝一．ディジタル図書館．勉誠出版，1999，155p.（図書館・情報メディア双書，3）.

- 表したい内容を表現し，具現化するための技術
- 表現物を流通，収集，蓄積するための技術
- 多種大量の表現物を効率的に利用するために組織化し管理するための技術

　現在では，多くの人がワープロを使って文書を書いたり，メールを使って遠くの人との連絡をしたりしている。文書やメールを紙に印刷して読むこともあるが，電子文書を残して紙文書は処分するということも稀ではない。すなわち，電子文書が主，紙の印刷物が一時利用のために作られる複製ということになる。これと同じことが出版物にそのままあてはまるということではないが，私たちの生活の中での紙媒体と電子媒体の位置づけがこうしたところに表れていると理解するべきであろう。紙メディアから電子メディア，ネットワーク型メディアへの移行が今後も進んでいくことは疑えないので，図書館における電子メディアへの対応の要求が増していくことは疑えない。

　現代のコンピュータとネットワーク上では，写真も，ビデオも，音楽も，スピーチも，図書も，文書もデジタル化され，一つのパソコンや携帯端末の上で扱えるようになっている。すなわち，文字テキスト，映像，音等の多様な形態の表現物を一様に扱えるのである。こうしたことできるようになったのは，多様な形態の表現物をデジタルデータとして扱う方法が確立され，そしてデジタルデータを蓄積し，遠隔地に伝えるための高速かつ大容量のコンピュータとネットワークが作り上げられてきたためである。現在ではあたり前のように一つのパソコンや携帯電話，タブレット端末で多様な形態の情報表現を扱っているが，これが一般の人々の身近になってきたのは1990年代以降，特に2000年代に入ってからのことである。

　デジタル形式の表現の場合，原理的には表現内容（コンテンツ）と入れ物（情報媒体，メディア）は分離されている。例えば，ネットワーク上で発信されるWebページや音楽や映像の場合，デジタル形式表現内容，すなわちデジタルデータをサーバからネットワークを介して手元のディスクにコピーし，そのコピーを用いて再生する。一方，従来，小説や音楽，映画といったものは本や音楽テープ，CD，ビデオテープ，DVDといったパッケージに入れて売られてきた。そして，電子的なメディアのコンテンツの資料には，専用のプレーヤから直接スピーカや画面でコンテンツを視聴するという方法が用いられてきた。

両者を比べると，現代のデジタルコンテンツの場合，入れ物，すなわち媒体が大きな意味を持たないことが容易に理解できる。このことは，図書館が紙の書籍のような有形物のみならず，無形物であるデジタル形式のコンテンツを扱わねばならないことを意味している。

　古来，図書館は，文字や図面，写真などのコンテンツを冊子体というパッケージに入れて作った書物と呼ぶ有形物を中心に扱ってきた。同様に，レコードやビデオテープのように音楽や映像コンテンツをパッケージに入れた有形物も扱ってきた。こうしたパッケージ系資料の場合，図書館という場の中に資料がなければ使えないので，図書館の所蔵資料ということばがうまくあてはまる。ところが，ネットワークを介して配信されるデジタル資料（ネットワーク系資料）の場合は，物理的な存在場所に意味はなく，図書館の所蔵資料は図書館利用者に資料を提供する権利を有する資料を意味する。例えば，電子ジャーナルのコンテンツは，多くの場合，出版社のサーバにおかれている。電子書籍の所蔵冊数は同時に利用できる利用者の数，貸し出しは館外の利用者に一定期間提供することと理解すればよい。したがって，1冊の冊子体も持たないけれど，ネットワークを介して読める電子書籍を多数所蔵する図書館もあり得る。このように電子化の進んだ環境では，今までと全く違うことが起きるようにも見える。しかしながら，その一方で，図書館の基本的な機能はまったく同じであることにも気づく。

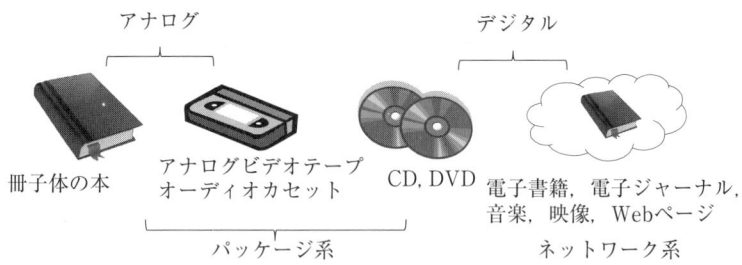

1-2図　デジタルとアナログ，パッケージ系とネットワーク系

図書だけではなく，本棚もデジタル化の対象となっている。現在の図書館では開架式が広く採用されており，利用者にとって本棚の使いやすさは資料へのアクセス性を高めるうえで重要な要素である。電子資料の場合であってもどのような資料が所蔵されているのかをわかりやすく見せる「本棚」は重要である。利用者の立場からは，冊子体の本も電子的な本も同様に本棚に並べてあって欲しいであろう。目録検索サービスのユーザインタフェースを想像すれば，電子的な本も冊子体の本も一列に並べられることは容易に想像できる。もともと本棚は，本の背表紙や表紙しか見えないのであるから，本の背表紙や表紙のイメージがあれば目録情報から電子的な本棚を作り出せることは容易に想像できる。ただし，この本棚はコンピュータ上，すなわち仮想空間にのみ存在し得るものである。物理的な本棚と違い電子的な本棚は並べ方を簡単に変えることができるし，図書館に行かなくてもネットワーク経由で見ることができる。目録検索した結果を本棚風に見せることも可能である。鎖の付いた本棚のメタファーを利用して，利用制限のかかっている本には本棚から本に鎖をつないで利用制限があることを示しても良いであろう。

　ネットワーク化の進展は，図書館の心臓部ともいえる目録の考え方にも影響を及ぼしている。図書館における伝統的な目録規則は，書物等の有形物を基本としてきた。そのため，目録の内容，すなわち書誌データは有形物に関して記

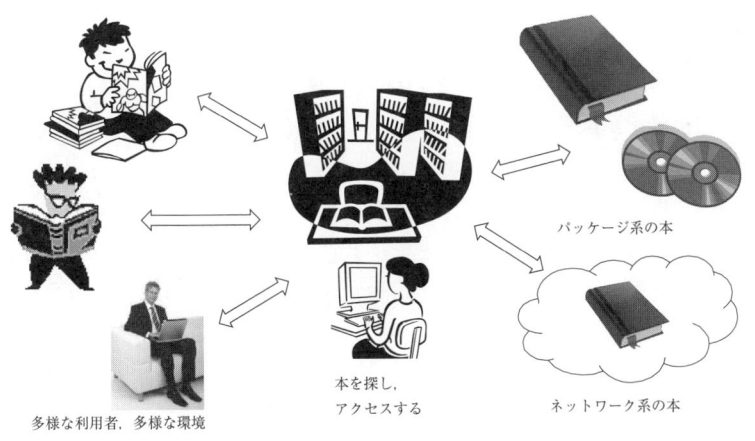

多様な利用者，多様な環境　　本を探し，アクセスする　　パッケージ系の本　　ネットワーク系の本

1-3図　本と利用者をつなぐ技術

述したデータである。ところが，ネットワーク上で図書館が扱う実体は，ネットワーク上で何らかの実体として識別されるものであれば何でもよい。そうした実体は有形物であっても無形物であっても構わない。例えば，冊子体の本もネットワーク上で提供される電子書籍のいずれも図書館の所蔵資料として目録を書くことができる。こうした実体は利用者に何らかの情報を提供してくれるものであるのでこれらを，情報資源（リソース，Information Resource）と呼ぶことにする。ネットワーク上にある情報資源は文書もあれば音楽もあるというように多様である。それに加えて，情報資源が1枚の写真であったり，1ページであったりとその粒度もさまざまである。さらに，利用者がネットワーク越しに情報資源を利用することを考えると，情報資源の閲覧・再生のための環境要件，利用条件，想定される利用者など，さまざまな要件も資料の利用のための必要な情報である。そして，より重要なことは，こうした情報を組み合わせて使うことができねばならないことである。このようにネットワーク環境では，従来の図書館目録とは大きく異なる要求がある。こうした要求に応えるには，必要とされる対象に関するさまざまな情報を必要とする。こうした情報を表すデータ，すなわち「何らかの対象に関する情報を表すために書いたデータ」，換言すると「何らかの情報資源に関するデータ」，より短く「データに関するデータ」をメタデータと呼ぶ。メタデータにはさまざまな目的のものがあり，書誌データはメタデータの一種である。メタデータは，ネットワーク上で何らかのサービスを実現するには不可欠のものである。

　従来の図書館の情報システムは，図書館が持つ情報資源を対象に，図書館に特化した機能を，図書館の利用者に提供していればよかった。一方，現代のシステムは，図書館が持つ情報資源のみならずインターネットを介してアクセスできる情報資源をも扱わねばならず，かつインターネットを介したサービスを提供しなければならない。このことは，さまざまな対象に関するさまざまな情報を組み合わすことができるように，相互運用性と開放性を持つシステム作りを進めねばならないことを意味する。

2. 図書館サービスを支える情報技術

　1990年代から大規模な図書館を中心に文化的価値が高く，かつ権利管理上の問題が少ないものを中心としてデジタルアーカイブ化が進められてきた[3]。例えば，国内では，国立国会図書館によるデジタル資料の提供[4]，国立公文書館・アジア歴史資料センターのデジタルアーカイブ[5]，文化庁が進める文化遺産オンライン[6]，海外では，アメリカ議会図書館のデジタル資料の提供[7]，ヨーロッパの図書館，博物館，美術館，文書館[8]の連携によるEuropeana[9]など，大規模な資料の電子化が進められてきた。中小規模館でも，それぞれが持つ特色ある資料をインターネット上で提供するために資料の電子化が進められてきている。原理的には，どのような資料であれ，デジタル化することは可能である。したがって，文書や書物に限らず，彫刻や建物のような3次元物体，舞踊や音楽，祭りといった無形文化財もデジタル化がなされている。

　現在，電子書籍の出版がさかんになりつつある。また，インターネット上で提供されるさまざまなWebページや文書等も，利用者の情報への要求を満た

3：デジタルアーカイブ（Digital Archive）は，何らかの方針に基づき，デジタルコンテンツを選択，収集，組織化，蓄積し，長期にわたって保存するとともに利用に供するシステム又はサービスと定義する。
　杉本重雄．"デジタル世界における図書館とアーカイブズ"．図書館・アーカイブズとは何か．藤原書店．2008．p.104-111，（別冊『環』，15）．
　総務省知のデジタルアーカイブに関する研究会．提言．2012.3．36p．
4：国立国会図書館．"オンラインサービス一覧"．http://www.ndl.go.jp/jp/service/online_service.html，（参照　2014-01-17）．
5：国立公文書館．"アジア歴史資料センター"．http://www.jacar.go.jp/，（参照　2014-01-17）．
6：文化庁，国立情報学研究所．"文化遺産オンライン"．http://bunka.nii.ac.jp/，（参照　2014-01-17）．
7："Digital Collections & Services"．Library of Congress．http://www.loc.gov/library/libarch-digital.html，（参照　2014-01-17）．
8：図書館（Library），博物館，美術館（Museum），文書館（Archives）等の文化的，学術的資産を収集，記録，保存する役割を持つ機関はMemory Institution（知の記録機関）と呼ばれる。また，これらの頭文字をとってMLAと呼ばれることもある。）
9："Europeana"．http://www.europeana.eu/portal/，（参照　2014-01-17）．

すための有用な情報資源であり，図書館にとってはこれらを有効活用することが求められる。とはいえ，現実の図書館には古いものから最新のものまでさまざまな資料があり，図書館が所蔵，提供している資料の大半は冊子体等のパッケージ系の資料である。どんどん新しい情報資源を取り入れる一方，古いものを保存していることが図書館の役割である。したがって，図書館員には，資料の性質と利用者のニーズに合わせた情報技術を選択し，利用する能力を持つことが求められる。そのためには，資料を作るために使われた技術に関する知識を持つことが求められる。

現代の図書館において，所蔵資料の管理や検索のために使われる目録はほとんどデータベース化されている。また，索引や抄録，シソーラスといったツールも多くが電子化されている。データベースには，ネットワーク経由で利用できるものもあれば，パソコン等の上で利用するものもある。電子化された目録を用いた公開型のオンライン目録サービス（Online Public Access Catalog：OPAC）は，現代の図書館においては必須のサービスといっても良い。OPACを横断的に利用するサービスもあり，そうしたサービスを用いると複数の図書館の蔵書検索をまとめて行うこともできる。

電子的な情報資源に関わる図書館のサービスには以下のようなものがある。これらには利用者向けのものも，図書館員向けのものもあるが，現代の図書館にとって電子的な情報資源を扱うことがいかにサービスの基幹になっているかが理解できる。

①電子資料の提供（パッケージ系電子資料とネットワーク系電子資料）
②図書館の所蔵資料検索（OPAC）
③図書館業務サービス（貸出管理，レファレンス，書誌ユーティリティなど）
④インターネットとその上の情報資源の利用支援
⑤長期に渡る資料の保存と提供

以下では，こうしたサービスについて少し詳しく考えてみることにする。

1 電子資料の提供　電子資料の提供には，資料に応じた再生用の機材が必要になる。パッケージ型，ネットワーク型いずれの場合も，コンテンツ，メディアに適合したハードウェアとソフトウェアを準備することが求められる。また，

電子情報技術の進歩の速さ故に，ハードウェア，ソフトウェアともにすぐに古くなり，その結果市場から消えてしまうことがよくある。したがって，図書館には，こうした電子資料の特徴をよく理解することと，保存すべきコンテンツに関する維持管理方法を十分に考慮することが求められる。

2 図書館の所蔵資料検索　利用者にとって，OPAC は図書館における資料探しの入口としてなくてはならないものである。総合目録として複数館の目録をまとめたものや，いくつかの OPAC を横断的に使い複数の館の所蔵資料を同時に検索できるようにしたものもある。ネットワーク上に提供される OPAC サービスが格段に増えたことで，利用者はどこからでも資料を探せることになった。OPAC は次に示す図書館業務サービスにおいても中心的な役割を持っている。

3 図書館業務サービス　貸出管理や利用者からのリクエスト，発注管理などさまざまな業務に図書館の情報システムは対応しなければならない。また，従来はカウンターで行われていたレファレンス業務をネットワーク経由で行うこともある。そして図書館員がこうしたサービスを提供する上でさまざまなデータベースや道具を使うことになる。図書館のサービスの向上のためには，これらが図書館の情報システムとうまくつながっていなければならない。

4 インターネットとその上の情報資源の利用支援　インターネットが重要な情報資源を多く提供していることはいうまでもない。したがって，図書館のサービスにおいてインターネットを適切に利用することが必要である。インターネットの重要な特性は，多様なコンテンツが多様なコミュニティから多様な利用者に向けて発信されている点である。インターネットの利用促進にあたってはいくつかの重要な点がある。例えば，情報資源に関する情報，すなわちメタデータの相互運用性，インターネット利用に関する安全性，多様な利用者を意識したアクセス性を持つヒューマンインタフェース，標準規格を満たすマシン向けのインタフェース（Application Programming Interface：API）等である。

5 長期に渡る資源の保存と利用　資料を長期に渡って保存することは図書館の基本的役割である。保存において共通理解を得なければならないことは，何を保存すれば保存したことになるかという点である。紙で作られた書物の場合，紙で作られた有形物の保存が第一義的な資料の保存であったのに対し，電子資

料の場合には，中身（コンテンツ）の保存が資料の保存であると考えればよいであろう。紙の書物の場合でも，マイクロフィルム化して保存することが行われてきた。これは，いわば有形物の保存ではなく中身の保存と理解することができる。デジタル形式の資料の場合，オリジナルと全く同じコピーを作ることができるとはいえ，オリジナルと全く同じ再生環境を維持することが難しい。そのため，新しい技術で作られる環境で，古い技術で作られた資料を利用するための再生環境を作っていかねばならない。現在のところ，電子資料の保存に関する課題のすべてが解決したわけではなく，世界中でさまざまな研究開発が進められている。保存が難しいという理由でデジタル情報資源の利用を図書館が拒むことはあってはならず，適切な技術を選択しながら，コンテンツの維持管理に努めることが求められる。

3．ネットワーク情報化社会の中での図書館

　現代社会において，インターネットは私たちの生活のための情報基盤となっている。インターネットを利用する多くの人がインターネット検索サービスを利用している。そして，インターネット上で探せないものは，存在しないに等しく扱われてしまうことすらあることも理解する必要がある。こうした環境の下で図書館は新しい情報技術を用いて，ネットワーク環境に向けた適切なサービスを作り上げていかねばならない。

　基本的に，従来から広く認められてきた図書館の役割と，図書館がネットワーク情報化社会の中で果たすべき役割に大きな違いはない。すなわち，有用な情報資源を選び，集め，蓄積し，組織化し，保存するとともに利用者に提供すること，そして利用者がそうした情報資源を使って必要な情報を得ることを支援することである。従来の図書館では，利用者は来館しなければ図書館の資源を利用することができなかったが，コンテンツのデジタル化，ネットワーク化が進んだことによって，利用者は必ずしも図書館まで来なくてもよくなった。そして，図書館の外で情報探しのための検索をする人の数は以前と比べて格段に増えた。必要な情報資源を手に入れるために図書館を利用する人にとっては，図書館まで行かずにすめばその方が仕事の効率が高まると考えることはごく自

然である。「館」の中だけの視点でなく，「館」を含めた情報環境の中で図書館のサービスをとらえることが重要であり，図書館員にはそうした視点から図書館サービスを形成するための情報技術の理解が必要である。

　ネットワーク化の進展は図書館間の連携のみならず，博物館・美術館，図書館，文書館の間の連携（MLA 連携）の可能性を高めている。所蔵資料のデジタル化が進むと，利用者は複数の館にまたがったデジタルコンテンツへのアクセスが容易にできるようになる。従来は，それぞれ別々の場所に行かねばならなかったものが，ネット上で自宅からアクセスして，コンテンツを比べながら閲覧することもできるようになる。また，同じコンテンツを利用して MLA それぞれの特性に合ったサービスを展開することも可能になる。こうした使い方を可能にするには，デジタルコンテンツを増やすことも重要な課題であるが，同時に異なる館で作られる情報資源に関する情報，すなわちメタデータを相互に運用できるようにすることも重要な課題である。図書館では書誌情報を表すメタデータの標準規格が発展しているのに対し，他ではその標準規格は使われない。したがって，MLA 連携等によるサービスを作り上げていくためには，MLA それぞれが異なる標準を持つという前提の上でメタデータの相互運用を進めることが求められる。それに加えて，メタデータをインターネット上で相互に流通させるための国際標準に合わせて提供していくことも求められる。

　ネットワーク情報化の進展は，図書館に来ない図書館利用者を増やすことになる。このことは，場としての図書館を否定するものでは決してない。場としての図書館でしか提供されないサービスや情報資源はいくらでもある。そうしたサービスや情報資源があることを潜在的な利用者に知らせるにはネットワーク化が不可欠である。「どこにいても必要な情報が得られれば良く，図書館に行くためのコストがもったいない」という利用者に対して，図書館に来ることを強制することは良いことであるとは思えない。これをもう一歩進めて考えると，インターネット経由で図書館の情報資源を使いたいという利用者にとって，特定の図書館だけを利用するということに意味はないということがわかる。図書館は利用者への直接サービスのみならず，第三者による付加価値サービスの可能性を高める必要がある。図書館自身による入口以外の入口から図書館のコンテンツを使う利用者を増やすことも，図書館の社会貢献には大事な点である。

情報技術に関する正確な理解なしにこうしたことを実現することは不可能である。

デジタル化，ネットワーク化は，図書館の機能とサービスを高度化する上で必要不可欠であるが，万能薬でも特効薬でもない。図書館員に必要とされることは，その時々の情報技術を正確に理解し，図書館において応用するにはいかにすればよいか，あるいは何をしてはいけないかを判断できることである。それには，技術に関する基礎的な知識を身につけ，応用力を持つことが不可欠である。

本書では，以上のような視点を基礎として，図書館のサービス実現に必要な情報技術について述べている。以下，本書においては，2〜4章において，それぞれコンピュータ，インターネットにおける情報発信，そして電子文書や電子書籍の基本的なしくみを述べている。こうした基礎知識は図書館における電子資料の提供と利用を理解する上で必要である。2，3章は初学者のコンピュータとその上での情報表現技術に関する理解を助けるため，できるだけ平易に説明するように努めている。4章は電子書籍の基本を理解するために必要な知識を説明している。5章においては，図書館の業務を支えるシステムについて述べている。上に示したOPACや図書館の種々のサービスを支える基盤技術であり，図書館システムの核となるデータベース管理システムについて詳しく解説している。6章ではメタデータの基本とWeb上でのメタデータの基盤技術，7章ではWeb上でのメタデータ交換の標準技術について述べている。これらは，今後の図書館サービスのインターネットとWebへの展開を理解するには必要不可欠な知識である。8章においては，インターネットを利用したサービスを提供する際に必ず考えなければならないセキュリティの問題について述べている。9章ではデジタルアーカイブなど，ネットワーク情報化社会の中における図書館に期待されるサービスについて述べ，本書のまとめとしている。

本書では，許されるページ数の中で，図書館の視点あるいは司書として持つべき基礎知識の視点からできる限りのことを入れた。図書館司書課程向けの教科書として内容を選んで書いているので，コンピュータやインターネットに関する技術的な話題は，包括的な説明になっていない部分や，技術的な深みに欠けている部分があるかもしれないが，図書館サービスを支える基盤情報技術と

してさまざまな応用に利用されるものを選び，十分な内容となるように努力した。現実のシステムの仕様を決め，運営していくには，図書館司書であっても専門の技術者とコミュニケーションをする能力が求められる。本書はそうした能力を獲得するための入り口としての役割を果たすものと考えている。本書でカバーすることができなかった，より詳しい説明については，本書に示した参考文献や技術解説書等を参照していただきたい。

2章　コンピュータとネットワークの基礎知識

　現代の図書館では，閲覧室でも事務室でも日常的にコンピュータが使われている。貸出カウンターでは貸出の手続きにコンピュータを使用し，事務室内では資料の管理作業にも使用する。図書館利用者は館内に置かれたコンピュータや持ち込みのパーソナルコンピュータ（以下パソコンと略す）を利用して，所蔵資料検索やインターネットWebページの閲覧ができる[1]。現在ではコンピュータのない図書館を見つけることの方が難しい。

　本章では，コンピュータやコンピュータネットワークのしくみを知ることにより，図書館でそれらを使用することの利点を知ることを目標とする。なお，本章は少なくともパソコンでワードプロセッサソフトウェア（ワープロ）による文書作成とインターネットWebページの閲覧程度の経験を持つ読者を対象としている。また，コンピュータについて深く解説をすればそれだけで一冊の図書になってしまうので，本章はかなり簡略に記している。本章を読んで興味を持ち，さらに深く学びたいと思った場合は，良書がたくさんあるのでそれらにあたられたい。

1．コンピュータのしくみ

　本節では，コンピュータがどのようなしくみで動作し，その性能は何によって左右されるのかについて述べる。また，コンピュータのどのような特徴が図書館の業務に適し，役に立つのかについても触れる。

1：本書では，WWWそのものを指す場合を除き，原則としてWebという表記に統一した（Webブラウザ，Webページ，Web APIなど）。

(1) コンピュータの動作原理

a. コンピュータはプログラムに従って動作する機械である

　一般の家庭用電気製品とパソコンの違いはなんだろうか。掃除機はスイッチを入れるとごみを吸い取る動作を行い，スイッチを切ると動作を止める。すなわち「ごみを吸う」という単機能である。一方，パソコンは文書作成ができたり，インターネットWebページの閲覧ができたり，家計簿をつけることができたり，ゲームができたり，さまざまなことができる。すなわち汎用性を持っている。

　さまざまなことができるのはなぜかというと，プログラムとよばれる「仕事の手順が書かれた指示書」に従って動作するからである。文書作成の道具であるワープロのプログラムを与えれば，文書作成ができる。ゲーム用のプログラムを与えれば，ゲームができる。その他，家計簿用のプログラムなどさまざまなものがあり，利用するプログラムを入れ替えることによりさまざまなことができる。

　プログラムは自動的にできるわけではなく，人間が作るものである。プログラムを作成する作業を「プログラミング」といい，そのための言語を「プログラム言語」という。

b. コンピュータを構成する要素

　コンピュータの中枢には三つの要素があり，それぞれ以下の役割を負っている。2-1図も併せて参照のこと。

■1 CPU（Central Processing Unit）　　日本語では「中央処理装置」という。メモリ（後述）に記憶させたプログラムを端から順々に読み取り，その指示通りに動作する。つまり，プログラムを「実行」するのはCPUである。

■2 メモリ（メインメモリ）　　プログラムとデータを実行のために置いておく要素。プログラムをメモリに置いてから「実行せよ」とCPUに命令を出すことによりCPUがプログラムの「実行」を開始する。

■3 入出力チャネル（Input/Output channel）　　CPUと他の装置との間のデータのやりとりの仲介を行う要素。一般的なパソコンにおける「他の装置」とは，キーボードやマウス，ディスプレイ（表示装置）やプリンタなどであり，「周

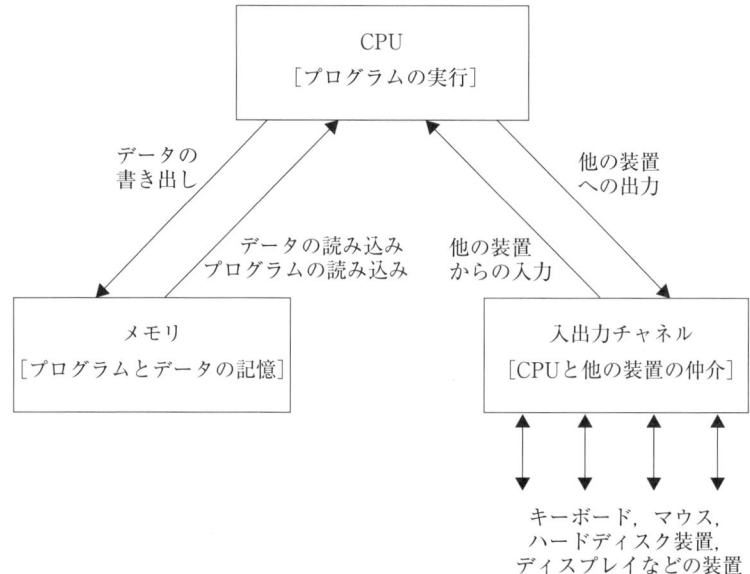

2-1図 コンピュータの中枢の3要素とその役割，やりとり

辺装置」とよばれる。CPUから送り出されるデータが入出力チャネルを経由してディスプレイに送られれば何らかの表示がなされる。また，キーボードを打鍵するとそのデータが入出力チャネルに送られ，CPUはそれを読み取る。

　この三要素の働きは，机に向かって行う仕事に例えると理解しやすい。CPUは指示に従って仕事をする人である。メモリは机の上に相当する。ここに「指示書」や仕事に必要な資料（データ）が置かれ，仕事をする人はそれらを読み取ったり，仕事に必要なこと（データ）をメモ用紙に書いたりして仕事を進める。入出力チャネルは机のそばに置かれた電話機である。電話がかかってくる（周辺装置からデータが来る）こともあるし，電話をかける（周辺装置にデータを送る）こともある。仕事が終われば机の上をすべて片付ける。これと同様に，コンピュータの電源を切ると，CPUは動作をやめ，メモリに置かれたすべてのものが消去される[2]。

c．コンピュータの性能を決める要因

　これら三つの中枢要素のうち，特にCPUとメモリはコンピュータの性能を

決める重要な要素でもある。コンピュータ全体の性能はこうした要素の特性によって決まる。

■1 CPUの性能を左右する要因　　CPUの性能を表す一つの数値が「クロック周波数」である。CPUの中では，組み込まれた時計（クロック）から送られてくる信号に合わせてさまざまな部分が動作する。したがって，時計を早回しすればそれだけ速く動作することになる。ただしCPUによって上限がある。1秒間に何回この信号を送り出すかを「クロック周波数」とよんでいる。そのため，クロック周波数が大きいものほど速いCPU，すなわち高性能のCPUといってよい。クロック周波数はHz（ヘルツ）という単位で表される[3]。

特にコンピュータにたくさん計算させる必要のあるプログラムを動作させる際には，性能の高いCPUを使用することで時間を短縮できる。3次元グラフィックスを描画したり動画の編集をしたりするプログラムは，一般に高速の計算性能を持つCPUを必要とする。また，高速性能のために複数のCPUを持つコンピュータもある。

■2 メモリの性能を左右する要因　　メモリにはプログラム実行時のデータが置かれるので，メモリの「容量」が大きければ大きいほどたくさんのデータを利用した計算を行うことができる。例えば，情報検索のプログラムは比較的大きなメモリの容量を必要とすることが多い。

また，メモリの「読み書きの速さ」がコンピュータの性能に影響を与える。スーパーコンピュータとよばれるような高速の計算を行うコンピュータは大容量で高速のメモリを必要とする。一般的に高速のCPUや高速のメモリは高価であるので，一般のパソコンの場合，用途と価格に応じてCPU性能，メモリ

2：このように，電源を切ると内容を失うがCPUによって高速に読み書きができるメモリを一次記憶装置あるいは主記憶装置とよぶ。一方，電源を切っても内容を失わず，入出力チャネル経由で読み書きをするハードディスク装置（後述）のようなものを二次記憶装置あるいは補助記憶装置とよぶ。

3：CPUのクロック周波数は，例えば4 GHz（4ギガヘルツ）と表される。「ギガ」は10億倍を示す補助単位である。補助単位には「ギガ」を含め以下のものがある。
K（Kilo, キロ）1000倍，M（Mega, メガ）100万倍（Kの1000倍），G（Giga, ギガ）10億倍（Mの1000倍），T（Tera, テラ）1兆倍（Gの1000倍），P（Peta, ペタ）1000兆倍（Tの1000倍）。
特に「キロ」は，kg（キログラム）やkm（キロメートル）など日常生活でも使用される。

性能を決めることになる。

　メモリの容量を大きくすることで大きなデータを扱ったり，たくさんのプログラムを同時に動かせたりできるので好都合ではある。ところが，実際のハードウェア部品としてメモリを多く搭載することにはさまざまな障害があるので，プログラムの実行時に，実質的に使えるメモリの広さを大きくする「仮想メモリ」のしくみが用いられている。仮想メモリについては本節4項で述べる。

(2) 外部記憶装置とファイル

　パソコンに保存するものといえば，例えばワープロで作成した文書やデジタルカメラで撮影した写真を想像するであろう。インターネットWebページに含まれる画像を保存することもある。これらは，入出力チャネルを通して接続された外部の記憶装置上に置かれる。そして，コンピュータでは，こうしたデータを入れておくための単位として「ファイル」というしくみがある。本節では，こうした記憶装置やファイルについて解説する。

a．ハードディスク装置

　現在のパソコンでは「ハードディスク装置」にデータを保存することが一般的である[4]。ハードディスク装置にはワープロ文書やデジタルカメラの写真といったデータを保存するだけでなく，プログラムも保存する。そのため，一般に，使いたいプログラムはあらかじめハードディスク装置に格納させておく[5]。CD-ROMやDVD-ROMなどのメディアに収められたプログラムや，インターネット上の他のコンピュータからダウンロード[6]したプログラムを，ハードディスク装置に格納して使えるようにすることを「インストール（install）」という[7]。

4： フラッシュメモリ（後述）の大容量化と低価格化が進んできたことによって，ハードディスク装置の代わりにフラッシュメモリを使用するパソコンも普及してきている。このようにハードディスク装置に代えて使用するフラッシュメモリをSSD（Solid State Disk，半導体で作られたディスク）とよぶ。

5： リムーバブルメディア（CD-ROMやDVD-ROM，フラッシュメモリなど，いずれも後述）に保存した状態で「実行」できるプログラムもある。

6： サーバからファイルを転送すること。サーバおよびファイルについては後述。

7： プログラムによってはファイルが多数あり，これらのコピー作業は煩雑である。よって，インストールをするためのプログラム（「インストーラ」という）が付属し，それを「実行」することによりほぼ自動的にインストールが行われるプログラムがほとんどである。

インストール作業やインストールされたプログラムの実行，後述するファイルやフォルダの作成といったことを行うために，コンピュータにはオペレーティングシステム（Operating System：OS）が準備されている。オペレーティングシステムは，コンピュータに準備されるさまざまな要素を使い勝手よく，かつ効率的に使えるようにするためのしくみである。なお，オペレーティングシステムに関しては後に詳しく説明する。

b．ファイルとフォルダ

ハードディスク装置内にデータを保存したりハードディスク装置からデータを読み出したりする際は，「ワープロで作った文書」「デジタルカメラで撮影した画像」といった単位で扱う。この単位を「ファイル」という。文書や画像の他にも音声や動画などもファイルとして保存する。ファイルとは，ひとまとまりの内容を入れたものであり，オペレーティングシステムがファイルを作ったり，種類を区別して管理したりする。そのため，文書や表のような，いわゆるデータも，ワープロのようなプログラムもファイルに入れられて管理されている。

ハードディスク内にファイルが増えてくると，それらを分類して整理できればありがたい。そのために，いくつかのファイルをひとまとめにするための「フォルダ」のしくみがある。フォルダは「ディレクトリ」とよばれることも

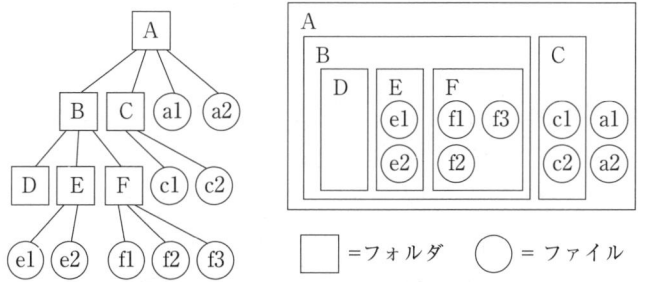

- 左図は，上位にあるフォルダが下位にあるフォルダやファイルを含んでいることを概念的に表した図である。右図は，「含んでいること」をよりわかりやすく示している。
- フォルダAのようにフォルダとファイルを混在させて含んでいてもよい。フォルダDのような「空のフォルダ」が存在してもよい。

2-2図　ファイルとフォルダの関係

ある。2-2図にファイルとフォルダの関係を概念図で示す。

　紙でできたものに例えると，コンピュータのファイルは「書類」や「写真」であり，フォルダは複数の書類をまとめて綴じる文房具である「バインダ」や「ファイル」であろう。ファイルということばが違う意味で使われているようにも見える。これは，コンピュータの場合には，データをひとまとめにして格納しておくものをファイルとよぶためである。オペレーティングシステムによっては，フォルダのことを「ファイルを入れるファイル」とよぶこともあるが，ここでは，ファイルとフォルダを区別して扱う。

　フォルダのしくみの柔軟な点は「フォルダの中にフォルダを作る」ことができるところである。実世界では「バインダをキャビネットに入れる，キャビネットを並べた部屋がある，部屋の並んだフロアがある」のに対して，すべて「フォルダ」とよぶことで，格納場所の構造を自由に構成できるようにしている。

　フォルダは自動的に作成されるわけではなく，コンピュータの使用者が作るものである。そのため，ファイルやフォルダには適切な名前をつけなければならない。また，オペレーティングシステムによっては，ファイルに入っている内容の種類を表すための拡張子（例えば，doc，docx，jpg，pdfといったもの）をファイル名に付ける必要がある。

c．ハードディスク装置の性能

　ハードディスク装置の性能は以下のように容量と速度によって決まる。

- ファイルやプログラムをたくさん格納するには大きな容量が必要である[8]。パソコンの場合，容量が不足した際にはパソコン外部に接続できるハードディスク装置を接続することで，全体の容量を増やすことができる。
- ハードディスク装置の「読み書きのスピード」が速ければデータやプログラムの読み書きの時間が短くなり，コンピュータ全体の動作が速くなる。ハードディスク装置の速度は，装置へのデータ転送速度，ディスクの回転速度，ディスクの内容を読み書きするための部分（磁気ヘッドという）の

8：ただし，ファイルやプログラムの大きさに依存する。大きなファイルやプログラムはハードディスク装置の中で大きな「スペース」をとる。箱に大小さまざまの荷物を詰め込むのと同様。

2-3図　USB フラッシュメモリ（左）とパソコンの USB 端子（右）

移動速度などによって決まる。

d．リムーバブルメディア

　必要に応じてコンピュータに接続し利用することを想定した外部記憶装置や記憶メディア（記憶媒体）がある。これらを総称して「リムーバブルメディア」（removable media）という。代表的なものを以下に示す。

1フラッシュメモリ　　電源を切っても内容を保存する性質を持つメモリで作られる外部記憶装置である。典型的なカード型のフラッシュメモリはデジタルカメラや携帯電話に内蔵して使用される。パソコンで使用するには，USB 端子（詳しくは後述）に直接挿し込んで使用できる「USB フラッシュメモリ」が広く利用されている。2-3図に USB フラッシュメモリの一例と USB 端子を示す。

2CD・DVD・ブルーレイディスク　　他によく使われるリムーバブルメディアとして，CD（Compact Disc）や DVD（Digital Versatile Disc）などの光学ディスクがある。専用の駆動装置（「CD ドライブ」「DVD ドライブ」という）を必要とする。最近では DVD よりも容量の大きいブルーレイディスク（Blu-ray Disc：BD）を利用する例が増えてきた。

　CD や DVD，BD には書き込みの可否によって CD-ROM，CD-R，CD-RW というように3種類がある[9]。

2-4図　ペンタブレット

（3）入出力装置

a．さまざまな入出力装置

　本章ではディスプレイやキーボード，マウス，プリンタなどパソコンで一般的に使われる入出力装置の解説は割愛する。以下，図書館に関わりがあると思われる入出力装置について解説する。

1ペンタブレット　　コンピュータに接続された「板」の上を専用のペンで触れることにより，板上の一点を指示することができる。ペンを使用するため，描画に広く利用される（2-4図参照）。

2タッチスクリーン（タッチパネル）　　ディスプレイの表示面を指で触れることにより画面上の一点を指示することができる装置。ディスプレイの表示面に，指の接触を検知する透明な「板」を貼りつけてある。

9：CD-ROM・DVD-ROM・BD-ROM は既にデータやプログラムが書き込まれていて変更ができない。プログラムの配布などに利用される。CD-R・DVD-R・BD-R は1回のみ書き込みができる。今後変更をしないデータなどを保存するために使用される。CD-RW・DVD-RW・BD-RE は書き込みができ，書き込んだものを消すことが可能。なお，一般に BD を扱う駆動装置は DVD や CD も扱える。

1. コンピュータのしくみ | 25

　近年，キーボードがなくタッチスクリーンによって操作する「タブレット」が普及しており，電子書籍を読むための機器として注目されている。

❸イメージスキャナ　　紙の書類などを読み取ってデジタルデータに変換する入力装置（2-5図参照）。コピー機のようなものと思えばよい。作成されるデータは画像データである。文字入りの書類を読み込む場合，文字認識（Optical Character Recognition：OCR）ソフトウェアを利用して文字データに変換することも行われる。

　また，写真フィルムやマイクロフィルムなどを読み取ることのできる「フィルムスキャナ」もある。

❹オーディオインタフェース　　音響を扱う入出力装置。入力された音をデジタル化し，また，音のデジタルデータを元の音に戻して出力する。多くのパソコンには，マイクロホンやスピーカとの接続のための口（端子）が用意されている。マイクロホン，また，スピーカを内蔵しているパソコンもある。

❺バーコードリーダ　　何桁かの数字を太さの異なる何本かの線で表した「バーコード」を読み取る装置。図書館においては，各資料や利用者証に資料識別番号や利用者番号のバーコードを貼り付け，貸出手続きの際にそれらを読み取ることで手続きをおこなっている例が多く見られる。コンピュータに直接つながれたもののほかに，持ち運び用に作られたポータブルバーコードリーダもある。2次元に並んだ正方形の点により，数字だけでなく文字を表すことのできる「QRコード」も使用される（2-6図参照）。

2-5図　イメージスキャナ
左はA4判まで扱えるもの，右はA3判まで扱える大型のもの

2-6図　バーコード（左）とQRコード（右）の一例

6 ICタグ　IC（集積回路）とアンテナが備わった極小のICタグが，ICタグ読取書込装置から発せられる電波を受信することで，その誘導起電力を利用して発電し，ICに記録されたデータを電波として送信したり，受信したデータをICタグに書き込む。ICタグとICタグ読取書込装置は近づけるだけでよく，接触の必要がない。RFID（Radio Frequency IDentification）ともよばれる。ICタグはカードの中に埋め込めるほど薄く作成できる。鉄道駅の自動改札機で用いられるICカードはRFIDの典型的な応用例であるが，商品流通などで広く用いられる。図書館では，資料識別番号を記憶させたICタグを資料一点一点に貼り付けておき，資料の貸出管理などに利用される。バーコードリーダは資料のバーコードを一点一点読み取らなければならないが，ICタグを用いると何点も重ねて読み取ることができる。

b．周辺装置を接続するための規格

パソコンにはさまざまな種類の装置が接続できるようになっている。接続するためのケーブルの端子（つなぎ口）が装置ごとに異なると不便なので，端子の形状や電気信号の標準規格を決めて，異なる種類の装置であっても同じ規格の端子でパソコンとつなぐことが一般的である。そうした規格には主要なものがいくつかあるが，現在広く使われているものにUSB（Universal Serial Bus）がある。USB端子の形状については23ページの2-3図を参照のこと。

（4）ソフトウェアとオペレーティングシステム

コンピュータそのものやハードディスク装置などの物理的な機器や部品のことをハードウェア（hardware）という。これに対し，コンピュータを動作させるプログラムや，プログラムで利用されるデータなどを総称するソフトウェア（software）ということばがある。ハードウェアとソフトウェアに対して，

それぞれ「金物」「柔物」という日本語訳があり，それぞれの特性が読み取れるがあまり一般的には用いられていない。

a．ソフトウェア

ソフトウェアとは何であるか，その考え方には以下の二つがある。

1コンピュータ上で動くプログラム　コンピュータはハードウェアの上でプログラムを動作させることではじめて機能する。一方，ワープロやゲームソフトウェアなどはすべてコンピュータ上で動作するソフトウェアである。こうしたソフトウェアはデータがないと動作しない。したがって，ソフトウェアはプログラムとデータを組み合わせたものと見ることもできる。

2電子機器上で視聴・利用する作品としてのソフトウェア　電子機器上で利用する映像作品，音楽作品，ゲーム，書籍，データベースなどを総称してソフトウェアとよぶことがある。これらはコンテンツとよばれることもある。これは再生用の機器，すなわちハードウェアに対して，その上で利用するソフトウェアという意味である。例えば，DVDの場合，DVD再生装置がハードウェア，DVDの中身がソフトウェアである。DVDそのものはソフトウェアを格納するメディア（媒体）であり，キャリア（carrier）ともよばれる。

b．オペレーティングシステム

パソコンでは，電子メールを読みながら，一方でインターネットWebページを閲覧し，そしてワープロソフトを使って文書を書くということができる。このように，現在のパソコンでは複数のソフトウェアを並行して使うことができる。これを可能にしているのが，21ページで少々触れた「オペレーティングシステム」（以下「OS」と略す）である。OSはそれ以外にもさまざまな役割を担う重要なものであるが，わかりやすくするために，ここではコンピュータを大きなデパートにたとえてみることにしよう（2-7図参照）。

デパートの建物や倉庫，売り場のスペース，エレベーターなどはハードウェアである。前述のとおり，ハードウェアだけあってもデパートとしての機能は果たせないので，デパート会社の管理部が全体を統括する。数ある売り場ではそれぞれ異なった仕事が行われている。商品の陳列や客への対応のしかたは売り場ごとに異なり，また，服飾品売り場では「試着」が行われ，食料品売り場なら「試食」を行うこともあろう。これら売り場で行われる仕事がソフトウェ

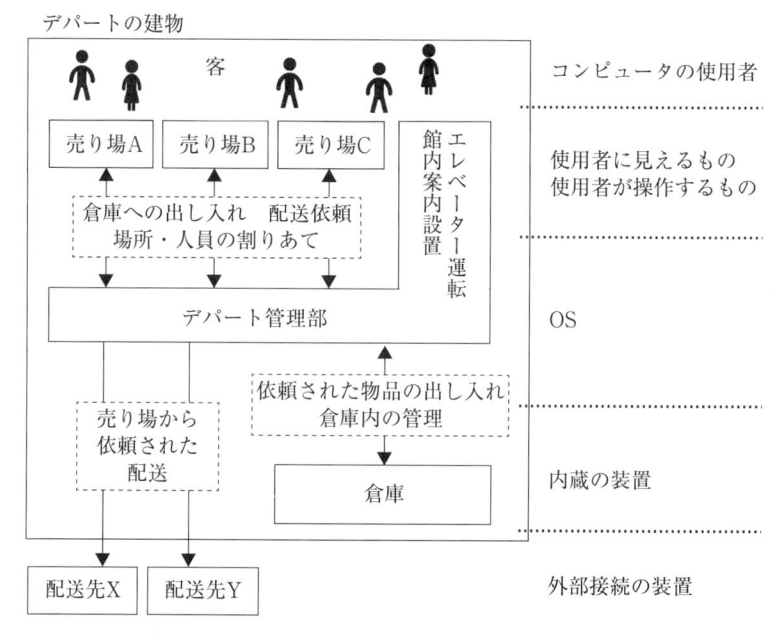

```
デパートの建物
                客                              コンピュータの使用者
  ┌───┐ ┌───┐ ┌───┐ ┌エ┐
  │売り場A│ │売り場B│ │売り場C│ │館レ│             使用者に見えるもの
  └───┘ └───┘ └───┘ │内ベ│             使用者が操作するもの
   ┌─倉庫への出し入れ　配送依頼─┐ │案ー│
   └─　場所・人員の割りあて　─┘ │内タ│
        ┌─────────┐   │設運│
        │ デパート管理部  │   │置転│           OS
        └─────────┘   └─┘
          ┌─依頼された物品の出し入れ─┐
          └─　　倉庫内の管理　　　─┘
   ┌───┐      ┌───┐
   │売り場から│     │ 倉庫 │
   │依頼された│     └───┘              内蔵の装置
   │　配送　│
   └───┘
  ┌───┐ ┌───┐
  │配送先X│ │配送先Y│                    外部接続の装置
  └───┘ └───┘
```

2-7図　コンピュータを大きなデパートにたとえると

アに相当する．客は売り場にて，それぞれの売り場に応じた対応を受けることができ，かつデパート全体のさまざまなサービスを受けることができるように作り上げられている．

　客の視点からは，数ある売り場で行われる仕事がデパートの機能のほとんどであるように見える．しかし，複数の売り場を効率よく運営するために，「裏側」ではさまざまなことが行われている．

　①管理部はデパートのフロア（床）を分割し各売り場の「スペース」として重なりがないように割りあてる．

　②倉庫には在庫があり，売り場担当者が仕入れた商品を置き必要に応じて倉庫から出して売り場に並べるが，各売り場の担当者がそれぞれ倉庫内に勝手に商品を置くと倉庫全体としての管理ができず，また，売り場担当者の中には倉庫内の商品を勝手に移動させて自分の商品を置くなどという不届きな者がいるかもしれない．そこで，倉庫内の管理（どこに何を置くか）

はデパート会社の管理部が行うこととし，売り場の担当者は商品の出し入れを管理部に依頼する。
③客が中元や歳暮などの進物を発送したいという場合がある。各売り場から直接配送に行くのでは効率が悪いので，管理部がその仕事を一手に引き受ける。
④曜日や時間帯によっては，ある売り場の客が多くなり仕事が滞るということがある。そのような場合，会社の管理部は人手不足の売り場に他の売場から人員を回し，売り場での仕事に滞りが出ないようにする。売り場の人員に管理部に来てもらって仕事をしてもらうこともある。
⑤エレベーターを運転し，また，売り場の案内表示や案内係を配置し，客が売り場から売り場へと移動できるようにする。

以上列挙した「デパートの裏側の仕事」は，デパート会社の管理部が統括することによって売り場の負担が軽減するのみならず，デパート全体として業務の効率が向上する。現在のコンピュータでは，同時に多数の人がさまざまな目的に使うことが一般的である。個人利用が基本であるパソコンであっても，同時に複数の仕事に利用することが普通である。コンピュータにおいては，上の例の管理部が行う仕事をOSが行っている。管理部はケースに応じて何をするかを決めるといった仕事をしている。同様にOSも状況に応じてプログラムを起動したり，プログラムが動作するのに必要なメモリの領域や入出力装置を割りあてたりといった仕事をする。OSはソフトウェアとして実現される。

ことばの混乱を避けるために，これまで述べてきたワープロなど「売り場の仕事」に相当するソフトウェアを「アプリケーションソフトウェア」ということがある。以下，本章でもこのことば（ただし「アプリケーション」と略す）を使用する。

上記①〜⑤のたとえを，コンピュータに置き換えれば以下のとおりとなる。
①フロアを分割して各売り場に割りつけることは，メモリの領域を分割して各アプリケーションに割りあてることに相当する。同時に動作するアプリケーションが必要な作業領域を確保できるようにOSがメモリ領域全体を管理する。
②倉庫はハードディスク装置やUSBフラッシュメモリであり，商品はデー

タである。アプリケーションがデータを保存したり読み出したりする際にはOSに依頼する。OSは依頼されたデータを格納するのに適したファイルを作ったり，ファイルからデータを読みだしてアプリケーションに渡したりする。また，OSは，ファイルの削除やファイルのコピーの機能を提供する。このように，外部記憶装置に関する依頼を一手に引き受ける「倉庫の番人」のような役割を持つ。

③周辺装置とのやりとりはアプリケーションが直接行うのではなく，OSに依頼する。OSはそれぞれの周辺装置に応じた方法でやりとりを行う。売り場からは届け先を添えて管理部に商品を渡せばよいのと同様，アプリケーションから見れば周辺装置の違いを意識することなくOSにやりとりを依頼すればよい。

④実際にはCPUは複数のソフトウェア（アプリケーションとOS）をすばやく切り替えて実行している。OSは複数のソフトウェアの実行が効率的に進むように，CPUやメモリなどの使い方を調整する。

⑤複数のアプリケーションを起動し，それらを切り替えて使用できるようにするために，OSの一部としてさまざまな機能を利用するための使い勝手のよいユーザインタフェース（後に解説する）を用意している。利用者はこれを介してアプリケーションを起動することができる。

マイクロソフト社のOSであるウィンドウズ（Microsoft Windows）を搭載したパソコンが複数のハードウェアメーカから発売されていることからもわかるように，異なるハードウェアであってもOSによって同じ使い方ができるようになっている。逆にいうと，OSが異なれば「ファイルの読み書き」「アプリケーションの起動」などのしかたも異なる。すなわち，アプリケーションはOSに合わせて作らなければならないということになる。ことばを変えれば，同じ機能のアプリケーションでもOSが異なるとプログラムを変えなければならない。実際，一つのアプリケーションがOSごとに別製品として販売されている場合があり，パッケージには「ウィンドウズ版」などと記されている。また，これを「ウィンドウズ環境で使用できるアプリケーション」などということがある。アプリケーションを入手する際には，自分が使用しているOSで動作するものであるかを確かめる必要がある。

c．仮想メモリ：オペレーティングシステムの一機能

　多くのソフトウェアを限られたメモリで実行するとなると，実際にはメモリの容量が足りなくなってしまう．そこで，OSは「仮想メモリ」のしくみによってこの問題を解決する．

　仮想メモリのしくみは「一つのテーブルで何人もの人間が作業をする」ことにたとえることができる．さまざまな資料でテーブル上があふれ出すと仕事ができなくなる．そうしたときに，アシスタントがいてその時点に行っている仕事に必要な資料だけをテーブルの上に置き，その時点では必要のない資料を横の本棚に一時退避してくれ，そして，仕事に応じてテーブルと本棚の資料を入れ替えてくれればテーブルを何倍もの大きさにしたのと同じことができる．ある時点において必要な資料はあまり多くはないので，その時その時にはあまり広いスペースは必要ではなく，テーブルの広さがあれば間に合う．

　このアシスタントと同じことをメモリについて行う機能を「仮想メモリ」とよび，OSの重要な機能の一つである．すなわち，OSは仕事に合わせて必要なプログラムやデータをメモリ上（テーブルの上）に置き，すぐには必要でないものはハードディスク装置（横の本棚）に退避し，必要になればすぐにメモリ上に移動する．もちろん，メモリが大きければ大きなテーブルで仕事をするのと同じで効率は上がるが，メモリのための費用が余分にかかる．一方，仮想メモリを使えばとても広い作業空間を得られるが，メモリとハードディスク装置との間でのデータ転送（アシスタントが行う入れ替え）のための時間が必要なので，仕事を終えるのにかかる時間は長くなることになる．現実には必要に応じてメモリ容量を決め，仮想メモリの機能を使って実際に使える記憶空間を広げる．

　仮想ということばからは，何か「現実にはないもの」が想像されるであろうが，このたとえ話からもわかるように仮想メモリとは「実際の仕事に使える空間」のことである．仮想メモリは，限られた広さのメモリを大きく広げ，たくさんの仕事を同時に進めるための重要な技術である．

d．システム要件

　アプリケーションをコンピュータ上で動作させるために「どのようなOS，どれだけのメモリ容量，どのような速さのCPUが必要か」という条件のこと

を「システム要件」あるいは「必要システム構成」などという。市販アプリケーションの場合はパッケージなどに明記してある。

典型的なシステム要件には，以下のようなものがある。
- OS の種類，バージョン
- CPU の性能とメモリの容量
- ハードディスク装置の空き容量
- CD ドライブ・DVD ドライブ・BD ドライブの必要性

OS 自体もソフトウェアであるから，上記のようなシステム要件がある。

e．ソフトウェアのアップデート

OS を含めたソフトウェアは人間が作るものであるから，どこかに不具合が見つかることがある。また，ソフトウェアを開発し販売する企業は，いったん販売したソフトウェアの機能の強化や，実行速度を速めるなどの改善を行う場合がある。不具合を取り除き改善を施したソフトウェアを改めて提供することを「アップデート」「バージョンアップ」などという。

（5）データベース

OS によって提供されるファイルのしくみを利用して，コンピュータにさまざまなデータを保存することができる。一方，データは時として他のデータとの関連を持つことがある。例えば，図書資料のタイトルと著者名（責任表示）は関連のあるデータである。また，デジタルカメラで撮影した写真それぞれに，文章による説明を加えたい，ということがある。こうしたデータ間の関連に基づいてデータを利用しやすくしてくれるのがデータベース（database）である。

a．データベースとは

ある図書館司書課程の教員が三つの授業を担当しており，講義ノートや出題レポート，学生の名簿や成績などをファイルとフォルダで管理している。その様子を 2-8 図に示す。「図書館司書課程」フォルダの中に科目ごとのフォルダを作り，それぞれの中にファイルを保存している。学生の名簿と成績のみをデータベースにしたものが 2-9 図である。ここで，以下のような要求を満たす操作を考える。

1．コンピュータのしくみ | 33

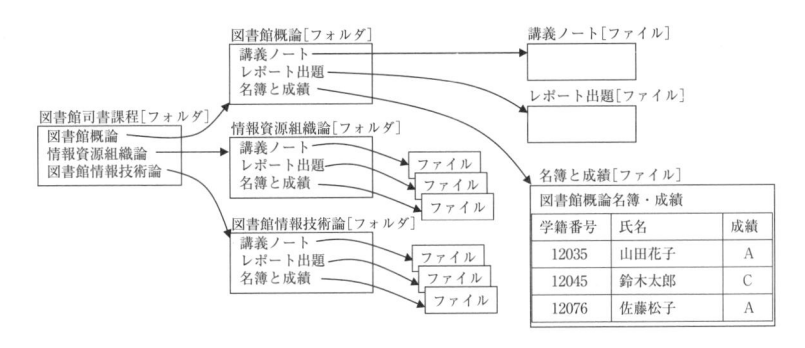

2-8図　ファイルとフォルダの構成の一例

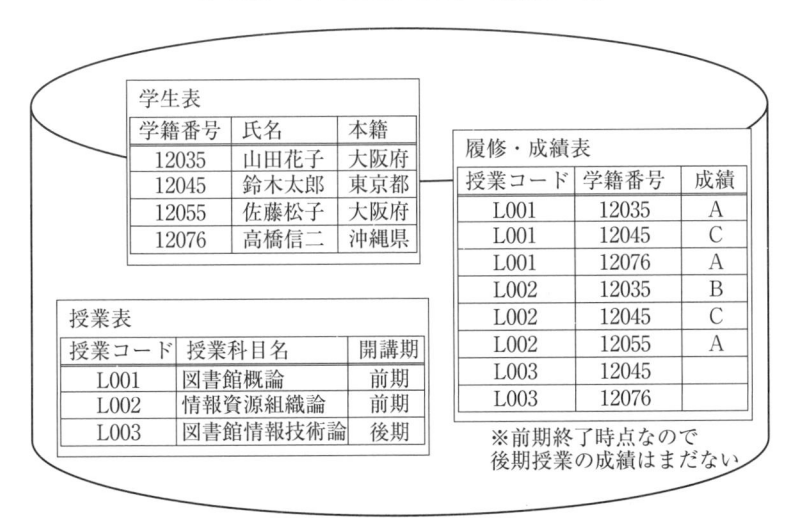

2-9図　データベースの一例

(1) 図書館情報技術論の成績一覧がほしい

2-8図では「図書館情報技術論」フォルダの「名簿と成績」ファイルを見ればよい。2-9図では「授業表」から図書館情報技術論の授業コードであるL003を探し，それをもとに「履修・成績表」からL003の履修者の学籍番号と成績を拾い出し，各学生の学籍番号を「学生表」と照らしあわせて氏名を拾い出し，これらを合わせて一つの表にまとめる。たいへんな手間に思えるが，これらは後に説明するDBMSというソフトウェアによって自動的に行われ，教

員は要求を発するだけでよい．

(2) 鈴木太郎の成績一覧がほしい

2-8図では3授業それぞれのフォルダの「名簿と成績」ファイルを見て鈴木太郎の成績を拾い出す必要がある．これは手作業である．一方，2-9図は(1)と同様に要求を発すればソフトウェアが同様の操作を行い結果を提示してくれる．

(3) 山田花子の氏名を福島花子に変えたい

結婚などによる氏名変更を想定している．2-8図では3授業それぞれのフォルダの「名簿と成績」ファイルの変更を必要とする．2-9図は「学生表」の1ヶ所を変更するだけでよい．

2-9図では，関連のあるデータ（学籍番号と氏名と本籍，授業コードと授業科目名と開講期など）の集まりを，関連があることがわかるように，かつ，関連を読み取りやすくなるように表形式の構造にまとめている．これにより，さまざまな観点からの検索が可能となり，また，データの変更を矛盾なく行うことができる．これがデータベースの特徴であり，単なるデータの入れ物であるファイルや，ファイルの入れ物であるフォルダと大きく異なる．

複数のデータ間の関連がわかりやすければこの例のような表形式でなくても構わないが，実際には表形式に整える方法がいちばんよく利用されている．

b．データベースのためのソフトウェア

データベースにおいては，厳密に定義された構造に基づいてデータが組み立てられ，厳密に決められた制約に従った操作がなされる．データに関する厳密な構造と制約を持ち，それに従った操作が行われることがデータベースの基本的な性質である．

そのため，データベースへのデータの追加や変更には専用のソフトウェアを使用する．このソフトウェアを「データベース管理システム」（Database Management System：DBMS）という．誤ったデータの追加や変更を行おうとすると，DBMSはそれを受け付けず警告を発する．また，DBMSは検索機能も有し，構造を意識した検索を行うことができる．このように，データベースの各種操作を統一的に行うことで，データの構造を崩さず，誤りがないように保つことができる．

1. コンピュータのしくみ | 35

データベースおよび DBMS は図書館にとって重要な技術であるので，5 章にて詳説する。

(6) ユーザインタフェース

a. ユーザインタフェースとは

パソコンを使用する際には，キーボードやマウスを操作し，ディスプレイを見る。このような，入出力装置を用いて人間が直接データを入出力するための機能を「ユーザインタフェース」(user interface) とよぶ。特に，ディスプレイ上での図的な表示を活用したものをグラフィカルユーザインタフェース (Graphical User Interface：GUI) とよぶ。

b. ウィンドウシステム

現代のパソコンは，2-10図に示すようにディスプレイ上に複数の「ウィンドウ」を表示し，ウィンドウごとにアプリケーションとの対話をする「ウィンドウシステム」(window system) を持つものが多い[10]。以下，ウィンドウシ

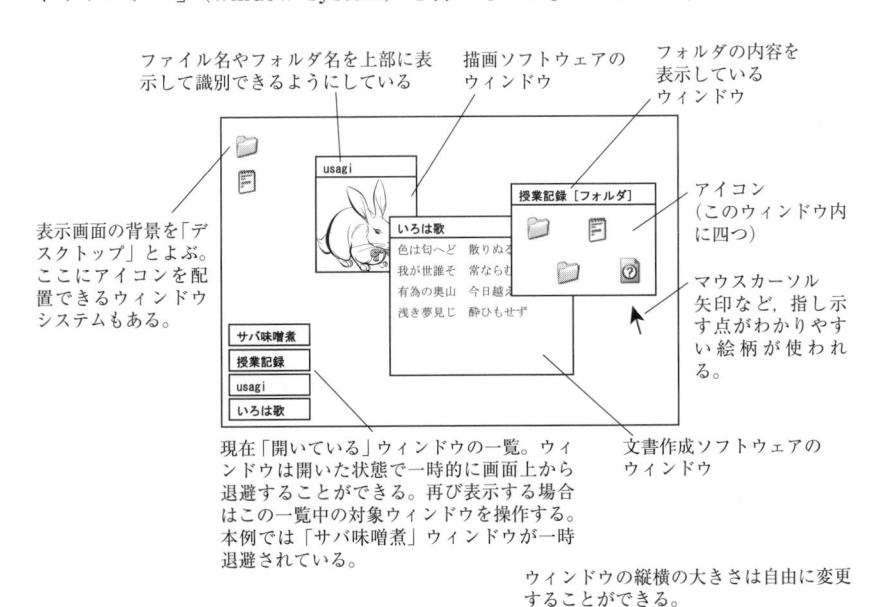

表示画面の背景を「デスクトップ」とよぶ。ここにアイコンを配置できるウィンドウシステムもある。

ファイル名やフォルダ名を上部に表示して識別できるようにしている

描画ソフトウェアのウィンドウ

フォルダの内容を表示しているウィンドウ

アイコン（このウィンドウ内に四つ）

マウスカーソル 矢印など，指し示す点がわかりやすい絵柄が使われる。

現在「開いている」ウィンドウの一覧。ウィンドウは開いた状態で一時的に画面上から退避することができる。再び表示する場合はこの一覧中の対象ウィンドウを操作する。本例では「サバ味噌煮」ウィンドウが一時退避されている。

文書作成ソフトウェアのウィンドウ

ウィンドウの縦横の大きさは自由に変更することができる。
また，重なりの変更も行うことができる。

2-10図　ウィンドウシステムの概略図

ステムの構成要素を解説する。

1 ウィンドウ（window）　アプリケーションを実行すると，利用者とアプリケーションとの対話のための「領域」が表示される。この領域をウィンドウとよぶ。OS は複数のアプリケーションを実行できるので，ウィンドウも複数重ねて表示される。また，ウィンドウはフォルダの内容を表示するためにも用いられる。ウィンドウの大きさや位置は自由に変更できる。

2 アイコン（icon）　パソコンが持つ何らかの実体をウィンドウ上で表すために用いられる図表現である。通常は，小さな図像で表される。例えば，ファイルを表すアイコンを選択してそれを「開く」操作をすると，ファイルの種類に応じたプログラムが実行されファイルの中のデータにアクセス[11]できる。

3 マウスカーソル（mouse cursor）　マウスを机の上で前後左右に動かすと，矢印などの絵柄が画面上で上下左右に動く。この絵柄をマウスカーソルという。画面上のある一点を指示し，指示された対象に関する操作を行うことができる。

c．ユーザインタフェースの進歩

　ユーザインタフェースの見やすさや操作のしやすさは，パソコンの操作性を高める上で重要である。キーボードやマウスはパソコンを使う上でごく一般的な道具であろう。それらを持たないタブレット型のパソコンは，指で触れることによる直感的操作ができることが特徴である。一般的なパソコンは，薄型テレビと同様の自ら発光するしくみのディスプレイを持っている。一方，最近の電子書籍端末では光を発しない表示装置（電子ペーパーともよばれる）を採用しているものもある。このように，ユーザインタフェースはこれからも発展していく。

（7）図書館におけるコンピュータの利用

　コンピュータの持つ「大量のデータを劣化させずに蓄積する」という特長は図書館の情報蓄積に活かすことができ，また「必要なデータを高速かつ網羅的

10：ウィンドウシステムは OS の機能として実現されているものと，OS 上で動作するアプリケーションとして実現されているものがある。

11：プログラムが表示するデータを閲覧したり，プログラムの機能によってデータに変更を加えたりすることをアクセス（access）という。

に探し出す」という特長は図書館における情報の組織化に活かすことができる。つまり，図書館の業務にはコンピュータの特長をうまく活かすことができ，図書館とコンピュータは相性がよいといえる。実際，公共図書館の多くは目録情報を検索することのできるオンライン目録（OPAC）を運用している。近年では目録情報だけでなく，図書の内容全体をコンピュータに蓄積し，検索および閲覧ができるようにしたサービスが増えてきている。

2．デジタルとは

　ワープロで作った文書やデジタルカメラで撮影した写真はすべて「デジタル」である。以下では，デジタルとは何であるかを基礎から解説する。

（1）デジタルの考え方

a．デジタルの原理と利点

　デジタルデータとは，音や映像，文字などさまざまな対象を0と1の並びで表現したものである。例えば「01001010」というようなものである。コンピュータに格納されているデータはデジタルデータである。これに対して，音や映像を連続量の信号として扱うものをアナログデータとよんでいる。アナログのカセットテープやビデオテープに入っているものはアナログデータである。また，デジタル放送とアナログ放送の基本的な違いも同様である[12]。

　デジタルには以下に示すようなさまざまな利点がある。

■1 **さまざまなタイプの対象を扱える**　　アナログのカセットテープやビデオテープにはそれぞれ音や映像しか入れられないが，コンピュータではワープロで作成した文書も，デジタルカメラの写真も，音も映像も扱える。

■2 **完全な複製を作ることができる**　　紙書類の複写機による複製では，まったく同じものはできず汚れが入ったり，少々傾いて複写されてしまったりするが，コンピュータのファイルの複製（コピー）は，まったく同じものができあがる。

12: 一方，デジタル・アナログの違いをいう場合に，コンピュータで扱うものをデジタル，そうでないものをアナログということもある。その場合は，電気信号とは無関係である冊子体の本もアナログの範疇に入ることになる。

完全な複製を作りやすいことは，コンピュータネットワークを介した配信の際に好都合であること，保存管理が行いやすいことといった利点がある。

❸大量のデータをコンパクトに保存できる　ハードディスク装置，フラッシュメモリ，ブルーレイディスクなどのデジタル記憶媒体は小型で大量のデータを格納できるようになった。人差し指程度の大きさのUSBフラッシュメモリに，単純計算で100億文字程度保存できる。

これらの利点は図書館にとっても有用な面がある。なぜなら，図書館は資料をなるべく変化（劣化）させずに保存することが望ましく，また，限りのある保存場所の有効活用が求められ，利用者に早く情報を提供すべきであるからである。さらに，なによりも，図書館では，図書，音声，映像，さまざまな文書等，現実世界で作り出されるさまざまな情報資源のデジタル化の進展に合わせたサービスを提供していく必要があるからである。

b．デジタルデータの単位と表現方法

デジタルデータをコンピュータ間でやりとりするため，デジタルデータの表現形式の標準規格が定められている。以下では，そうした表現形式について解説する。

❶デジタルデータの単位：ビットとバイト　デジタルデータは，文字や音などさまざまな対象を数値データとして表したものである。コンピュータをはじめとするデジタル機器においては，スイッチの入切を基本としてさまざまなデータ処理を行っている。そのため，入＝1，切＝0とすると処理の基本は0か1で表されることになる。すなわち，2進数[13]による表現である。2進数の1桁（0または1が1個）を「ビット」（bit）とよんでいる。1ビットあれば2種類のものが表せ，2ビット，4ビット，8ビットでは，それぞれ4通り（＝2^2），16通り（＝2^4），256通り（＝2^8）のものを表すことができる。一般にデジタルデータは8ビットを単位として扱われることが多く，これを1バイト（byte）とよんでいる。仮に，8ビットで0から始まる正の整数を表すとすれば0から255までの数値，0を中央に置く整数を表すとすれば－128から＋127

13：2進数とは，2を基数とする数値の表現方法である。私たちが普段使用する10進数は0〜9の10個の数字を用い，10数える際に桁上がり（繰り上がり）が起きる。2進数は0と1の2個の数字を用い，2数える際に桁上がりが起きる。

までの数値を表すことができる。また，仮に，何ビットかの並びの組み合わせで一つのアルファベットを表すとすれば，大文字と小文字合わせて52文字であるので6ビット（$2^6=64$通り）あれば間に合うことがわかる[14]。

バイトはメモリやハードディスクなどの容量やファイルの大きさ（サイズ）を表す際に以下のように補助単位とともに用いられる[15]。

- 1024バイト＝1KB（キロバイト，Kilo Byte）＝ 1×2^{10} byte
- 1024KB＝1MB（メガバイト，Mega Byte）＝ 1×2^{10} KB
- 1024MB＝1GB（ギガバイト，Giga Byte）＝ 1×2^{10} MB
- 1024GB＝1TB（テラバイト，Tera Byte）＝ 1×2^{10} GB

前節で述べたリムーバブルメディアの容量はおおよそ以下の通りである。

- CD：700MB
- DVD：4.7GB
- ブルーレイディスク：25GB
- USBフラッシュメモリ：1GBから64GBまで何種類かある。今後も技術の進歩により容量が増えることが予想される。

❷表現方法：2進数，16進数　　1と0の並びとは，例えば「01001010」というようなものである。普段なじみのある10進数と同様に考えてみると，一番左の桁が0，2番目が1となっているのがわかる。一方，10進数の0，1，2，3……を2進数で表すと下のようになる（等号の左辺が10進数，右辺が2進数）。

$$0=0, \quad 1=1, \quad 2=10, \quad 3=11, \quad 4=100, \quad \cdots\cdots, \quad 9=1001$$

これをもとに，2進数4桁で表せる16個の数字（正の整数）と10進数の対応を2-1表にまとめる（この表には後に述べる16進数も含めてある）。ただし，2進数で4桁に満たないものは，上位の桁に0を補って4桁としている。この

14：実際に英文をデジタルで表現しようとすると，アルファベットの他に数字と記号が含まれるため，6ビットでは足りない。詳しくは後の「文字のデジタル表現」にて述べる。

15：本来，補助単位のK（キロ）の意味は「1000倍」である（19ページの脚注3参照）。これにならい，最近では1000バイトを1KBとしている例も見られる。M，G，Tについても同様。

2-1表 10進数，2進数，16進数の対応

10進数	2進数	16進数	10進数	2進数	16進数	10進数	2進数	16進数	10進数	2進数	16進数
0	0000	0	4	0100	4	8	1000	8	12	1100	C
1	0001	1	5	0101	5	9	1001	9	13	1101	D
2	0010	2	6	0110	6	10	1010	A	14	1110	E
3	0011	3	7	0111	7	11	1011	B	15	1111	F

対応を一般的な式で表すこともできる。4桁の2進数を仮に$n_3 n_2 n_1 n_0$（すなわち，一番上の桁の数がn_3，一番下の桁の数がn_0であり，n_3，n_2，n_1，n_0はそれぞれ0か1）とすると，

$$n_3 n_2 n_1 n_0（2進数）は n_3 \times 2^3 + n_2 \times 2^2 + n_1 \times 2^1 + n_0 \times 2^0$$

と表せることがわかる。例えば，2進数の1011を10進数で表そうとすると，

$$1011（2進数）= 1 \times 2^3 + 0 \times 2^2 + 1 \times 2^1 + 1 \times 2^0 = 1 \times 8 + 0 \times 4 + 1 \times 2 + 1 \times 1 = 8 + 2 + 1 = 11$$

であるので11となり，2-1表と一致する。

2進数表現ではどうしても桁数が多くなってしまう。そこで，2進数4桁をひとまとめにした16進法による表現を使用することが一般的である。16進法による数値表現，すなわち16進数では16個の数字が必要となるので，0〜9の10個にA〜Fの6個を加えて「16進数の数字」とする。2-1表には16進数も含めてある。

この節の最初に記した2進数の例01001010は1バイト（8ビット）である。これを正の整数を表す2進数とすれば，10進数で表すと

$$1 \times 2^6 + 1 \times 2^3 + 1 \times 2^1 = 64 + 8 + 2 = 74$$

となる。これを16進数に変換するには

$4 \times 16^1 + 10 \times 16^0$（つまり，$74 = 4 \times 16 + 10 \times 1$）

であり[16]，下の桁の10（10進数）は2-1表よりA（16進数）であるので，16進数表現では4Aとなる。あくまでも表現方法が異なるだけで，01001010（2進数）と4A（16進数）は同じ「1と0の並び」を表している。コンピュータで扱う生のデータである「1と0の並び」を表現する際に16進数がよく用いられる理由は，データの基本としてよく用いられる1バイトが8ビット，すなわち2進数8桁，16進数2桁なので，16進数表現を用いると扱いやすいためである。

(2) 文字のデジタル表現

a．文字のデジタル表現の考え方

英語でも日本語でも，文字は表現の基本要素である。一つの文字を表す符号を決め，それを0と1の並びで表せば文字のデジタル表現ができる。

ところで，英語の文章をつづるためには1文字を何ビットで表せばよいのだろうか。1文字分のビット数（0と1の桁数）を求めるには，文字が何種類あるのかを見極める必要がある。英語の文章をつづるために必要な文字の数は，アルファベットが大文字小文字合わせて52文字，数字が10文字，ピリオドや算術記号などの記号類が20文字程度[17]，合わせて80文字強である。

このように英語の範囲で考えると，128種類の符号を表せる7ビットあれば足りそうである。これに1ビット足して8ビット，すなわち1バイトで1文字を表すことにすればきりがよいことがわかる。余分に思われる1ビットはデータ送受信やデータ複製時に生じることがある誤動作を検出するために利用もでき，無駄にはならない。ここまでで，例えば，Aという文字を00000001，Bという文字を00000010という具合にビット並びで表現すればよいことがわかる。

コンピュータ間でデータのやりとりを行うことを考えると，どのコンピュータにデータが渡されてもビット並びと文字との対応関係が崩れないようにしな

16：2進数の際と同様に，16進数と10進数との対応を式で表せば
$n_3 n_2 n_1 n_0$（16進数）$= n_3 \times 16^3 + n_2 \times 16^2 + n_1 \times 16^1 + n_0 \times 16^0$
となる。右辺のn_3，n_2，n_1，n_0には0〜15の数値のいずれかが入る。本文中の式はこれに基づいている。

17：記号類には，単語と単語の間の空白（スペース）も含まれる。

上位＼下位	0	1	2	3	4	5	6	7
0	NUL	DLE	SP	0	@	P	`	p
1	SOH	DC1	!	1	A	Q	a	q
2	STX	DC2	"	2	B	R	b	r
3	ETX	DC3	#	3	C	S	c	s
4	EOT	DC4	$	4	D	T	d	t
5	ENQ	NAK	%	5	E	U	e	u
6	ACK	SYN	&	6	F	V	f	v
7	BEL	ETB	'	7	G	W	g	w
8	BS	CAN	(	8	H	X	h	x
9	HT	EM	)	9	I	Y	i	y
A	LF	SUB	*	:	J	Z	j	z
B	VT	ESC	+	;	K	[	k	{
C	FF	FS	,	<	L	¥	l		
D	CR	GS	-	=	M	]	m	}
E	SO	RS	.	>	N	^	n	~
F	SI	US	/	?	O	_	o	DEL

「上位」とは上位4ビットを，「下位」とは下位4ビットをそれぞれ16進法で表したもの。

使用例(1)：文字コード4Dを与えられた文字は？
上位「4」と下位「D」の交点にある文字。よって「M」。

使用例(2)：「j」の文字コードは？
「j」の上位4ビットは6，下位4ビットはA，よって「6A」。

上位4ビットが0または1の32文字，および文字コード7Fの文字は「制御文字」というもので，表示のための文字ではなくプリンタなどを制御するための文字。また，SP（文字コード20）は「空白（スペース）」である。

2-11図　ASCII符号表

ければならない。そのため，文字とそれを表現するビット並びとの対応表が標準規格として作られ，どのようなコンピュータであってもソフトウェアは標準規格に従って文字を扱うことになっている。そうした文字規格の一つで，非常に広く使われている，アメリカで作られた標準規格であるASCII（American Standard Code for Information Interchange）文字規格を2-11図に示す。このような表を一般に文字符号表あるいは文字コード表という。また，一つ一つの文字に割りあてられたビット並び（一般には図中にあるように16進数表現する）を文字コードという。

b．日本語文字の符号表

1バイトで表せるのは256通りだけで，多数の漢字を含む日本語の文字にはまったく足りない。2バイト（16桁）であれば65536（＝2^{16}）の文字を表すことができる。これであれば日常生活で使用する日本語文字を表すには十分である。

この考えに基づき日本語の文字（ひらがな・カタカナ・漢字・記号等）を2バイトで表す符号表が作られたが，さまざまな経緯により主なものが三つある。

① JIS漢字コード……日本工業規格によって定められたもの。

② Shift_JIS……マイクロソフト社やアスキー社などによって定められ，その後規格化されたもの。

③ EUC-JP……UNIX という OS でよく使用されるもの。

c．多くの言語に共通の文字符号表

各国がそれぞれ自国の言語の文字について文字符号表を作成した結果，同じ文字コードに各国の言語の異なる文字が割りあてられたことになってしまった。これでは多言語の文字を含んだ文書を作成することができない。多言語文字を含む文書作成の方法として，これまでに，言語の切り替えコード（「ここから日本語」「ここから中国語」という意味のコード）を入れる方法などが考案されてきたが，現在では「世界共通の文字符号表」である Unicode（ユニコード）を使用することが一般的になってきている[18]。

d．文字コードと文字の表示

文字コードは，コンピュータ上で文字を表すものであるので，画面上の表示や印刷の際には文字コードを人が読める形に置き換えなければならない。そこで文字コードとその表示のためのデータを対応付けた表が用意されている。この表のことをフォント（font）とよんでいる。文字の画面表示にあたっては，文字コードに対応する字形データをフォントから取り出し，それを用いて文字を画面に表示する。フォントにはゴシック体，明朝体といったデザインの異なるものが用意されている。

文字符号表にはたくさんの文字が含まれるとはいえ，ありとあらゆる文字が含まれているのではない。加えて，絵文字のように新たに作られるものもある。他のコンピュータから送られてきた文字コードに対応する字形データがない場合，その文字を正しく表示することはできない。これがいわゆる文字化けである。パソコンには，標準に含まれない文字を登録する機能が用意されている。こうした機能を用いて登録された文字を外字（がいじ）とよぶ。外字に対応する文字コードを他のパソコンに送った場合，文字化けが起きる。

18：Unicode は文字コードであるが，実際に使用する際には UTF-8 や UTF-16 といった文字符号化方式によって Unicode を変換したコードを用いる。プログラム作成やデータ交換など，用途によって使い分けられている。UTF-16 が Unicode とよばれる場合もある。

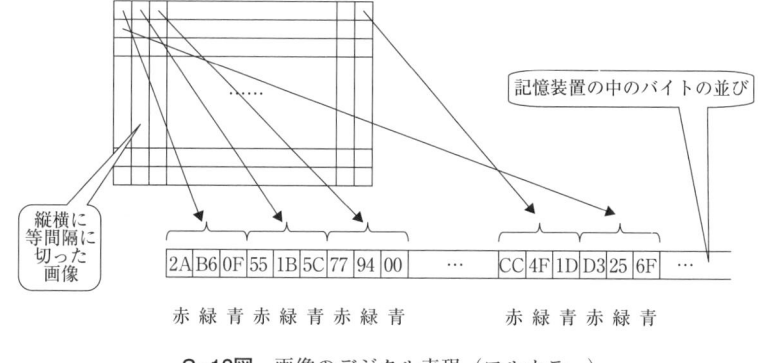

```
                                    ┌─────────────────────┐
                                    │ 記憶装置の中のバイトの並び │
                                    └─────────────────────┘

┌──────┐
│ 縦横に │
│等間隔に│
│ 切った │
│ 画像  │
└──────┘
       │2A│B6│0F│55│1B│5C│77│94│00│ … │CC│4F│1D│D3│25│6F│ …
        赤 緑 青 赤 緑 青 赤 緑 青      赤 緑 青 赤 緑 青
```

2-12図　画像のデジタル表現（フルカラー）

（3）画像のデジタル表現

a．画像のデジタル表現の考え方

　画像をデジタルで表現する方法の概要を以下に示す。2-12図も併せて参照のこと。

　①画像を縦横に等間隔に切る。これにより画像が小さな四角片に分かれるが，それらを「ピクセル」という[19]。

　②1ピクセルごとの色を光の三原色である赤・緑・青の成分に分解する[20]。

　③三原色それぞれの成分を数値，すなわちデジタルデータで表す。

　④画像の左上のピクセルから右上に向かって，順々に三原色（赤・緑・青）のデジタルデータを並べる。1段目が終われば2段目の左端のピクセルから右端に向かって順々にデータを並べる。これを最下段まで続ける。

　このようにしてデジタルに変換した画像のデータを復元するには，データの先頭から1ピクセル分のデータを読み出し，それを赤・緑・青を表す数値とみなして画面上のピクセルをそれにあった色で発光させていけばよい。

　なお，画像データの縦横のピクセル数を「800×600ピクセル」というように表現することがある。この場合，横方向が800ピクセル，縦方向が600ピクセル

19：ピクセル（pixel）は picture cell の略。直訳すれば「画像の細胞」である。
20：光の三原色それぞれの成分を変えながら混合（混色）することによりすべての色を表現できる。

である。また，同じ表現がディスプレイの性能表示にも用いられる。

b．色のデジタル表現

赤・緑・青に分解した後，それぞれの成分を数値に変換するにあたっては1色あたり何バイト使用すればいいだろうか。これがあまり小さいと多くの色数を表せなくなり，色の連続的な変化（グラデーション）を含む絵などをデジタルに変換して復元すると色が段階的に見えてしまうという問題が生ずる。復元した画像はピクセルを並べたものであるから完全な「滑らかな連続的変化」を復元することはできないが，人間の目にはわからない程度に色を細かく表現することができればなめらかな連続的変化に見せることができる。

赤・緑・青それぞれに1バイト使用すると，三原色それぞれが「発光しない」から「最も強く発光する」までを256段階で表すことができる。この場合，表現できる全色数は$256^3 = 16,777,216$となる。この方法を「24ビットフルカラー」，あるいは単に「フルカラー」とよび，十分な色数として利用されている。

c．縦横に切る際の「細かさ」

画像を縦横に切る際にあまり粗く切ると復元した時にまるで「モザイク」のように見えてしまうので，なるべく細かくして「ピクセルの並び」であることが人間にわからないようにする。しかし，細かくしすぎると単位面積あたりのピクセル数が多くなり画像データの大きさ（サイズ）も大きくなる。

人間への見え方を決める条件と，それらへの対応を以下に示す。

- 復元した画像をどの程度の大きさで表示するか，あるいは，どの程度の大きさに印刷するか：大きく表示（印刷）するほどピクセルが大きくなりモザイクのようになってしまう。よって，大きく表示（印刷）する必要があれば細かく切る（ピクセル数を多くする）必要がある。
- 復元して表示（印刷）した画像を近くから見るのか遠くから見るのか：遠くから見るのみであれば，粗く切っても（ピクセル数が少なくても）モザイクのようには見えない。

このような条件をもとに，画像を縦横に切る際の細かさを決定する。

d．画像をデジタルに変換する装置

デジタルカメラは，撮影した画像をデジタルデータにし，内蔵の記憶装置にファイルとして保存する装置である。撮影される像の大きさは一定であり，そ

の像をどれだけ細かく縦横に切るかを変更できる。これを画面解像度という。

イメージスキャナは，コピー機のようにして資料を読み取りデジタルデータに変換する装置である。イメージスキャナの場合は，対象物の大きさに応じて読み取る（スキャンする）範囲を変更できるので，「縦横に切る際の細かさ」は単位長さあたりの読み取り点の数（dots per inch：dpi，1インチあたりの読み取り点の数）で決まる。これを解像度という。

いずれの場合も，作り出されるデジタルデータの大きさは画面解像度あるいは解像度に依存する。

e．画像データのファイル形式と「圧縮」

これまでに解説した方法でデジタル化した画像データを保存するためのファイル形式として代表的なものはBMPである。

一方，普通の大きさの写真（横120mm×縦90mm）を300dpiでデジタル化すると，横のピクセル数は1,440，縦のピクセル数は960，よって全体のピクセル数は「1,440×960＝1,382,400」，データの大きさはこれに3を乗じて4,147,200バイト（約4MB）になる。400字詰原稿用紙1枚分の文字データが，1文字2バイトとして800バイトであることを考えると，画像がいかに「大きなデータ」であるかということがわかる。そこで，画像データの大きさを小さくするためにデータ圧縮の方法が考案された。画像データの圧縮には，圧縮されたデータから元のデータを完全に復元できる「損失なしの圧縮」と，画質の劣化をある程度認める代わりにデータの大きさを大幅に小さくする「損失有りの圧縮」の二通りがある。さまざまな圧縮データ形式があるが，現在よく使用されているのはJPEG，GIF，TIFFである。

（4）音声と動画のデジタル表現

a．音声のデジタル表現

音声をデジタルに変換するにあたっては，まず音声をマイクロホン（マイク）によって電気信号に変換する。この電気信号は2-13図の左のような連続した波形（すなわちアナログデータ）で表される。一定の短い幅の時間で，その時点の電気信号の強さ，すなわち波形の高さを読み取り（サンプリング），その数値をデジタルデータに変換して記録する。読み取り間隔を十分に狭くす

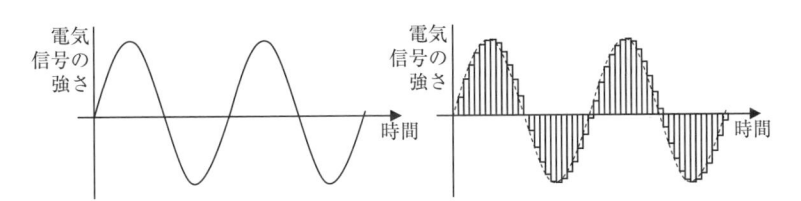

2-13図　音声をマイクによって電気信号に変換した様子（左）とデジタル表現から復元した様子（右）

（左図）音声をマイクによって電気信号に変換した様子の一例
右端から左端までの経過時間は音の高さによって異なるが，およそ 0.1 秒〜0.0001 秒の範囲

（右図）左図の電気信号をサンプリングして保存したデータをもとの電気信号に戻して出力した様子
対比しやすいよう，上図の電気信号と同じものを点線で描き，サンプリングの間隔に縦線を引いてある

る（すなわち単位時間あたりの読み取り回数を十分に多くする）ことにより，元の連続波形を復元することができる。これを出力すれば，2-13図の右のようになる。サンプリングは「1秒間に何回読み取るか」という表し方をし，Hz（ヘルツ）という単位を用いて表現する。この数値を「サンプリング周波数」という。サンプリング周波数が大きいほど細かな波の変化まで読み取ることができるが，実用化されているシステムでは人間の可聴域に合わせた値が用いられている。

　読み取った電気信号をデジタルデータに変換する際には，1回の読み取りにつき何バイト使用するかを決める必要がある。この数値を「量子化ビット数」（バイトではなくビットを用いる）という。量子化ビット数が大きいほど波の細かな数値まで表現することができるが，大きくするとデータ量が増えてしまう。

　音声を収めたCD（オーディオCD）はデジタル変換された音声を記録している。オーディオCDのサンプリング周波数は44100Hz（1秒間に44100回の読み取りを行う），量子化ビット数は16ビット（すなわち2バイト）である[21]。

21：実際にはステレオ（左右別々の音を記録する方式）なので，1回のサンプリングで4バイト記録する。

b．動画のデジタル表現

テレビ放送や映画は，適切な速度で連続的に撮影した写真（画像）を，撮影速度と同じ速度で連続再生することで動画を見せている[22]。動画のデジタル表現もこれと同じ方法で行う。したがって，原理的には静止画がたくさん並んだものと見ても構わない。

デジタル変換された動画の品質は，画像一枚一枚の縦横のピクセル数によるほか，「どのくらい高速に連続画像を撮影するか」によって決まる。これは「1秒間に何枚撮影するか」という表し方をし，fps（frames per second）という単位を用いて表現する。テレビ放送は約30fps（1秒間に約30枚），映画は24fps（ただしアニメ映画は8 fps）である。

なお，動画に付く音声は前述の方法でデジタルデータに変換し，動画のデジタルデータと同期させる。

c．音声データや動画データのデータ形式と圧縮

静止画と同様，音声や動画を表すためのデータ形式が決まっている。これらのデータの量は大きくなるので，圧縮方法も含めてデータ形式が決められている。音声については，MP3，AACなどのデータ形式がある。動画については，MPEG-2やMPEG-4などがある。

3．コンピュータネットワークと World Wide Web

近年，公共図書館の多くがオンライン目録検索サービス（OPAC）を提供している。インターネット上では，公共図書館のOPACをはじめとしてさまざまな情報サービスが提供されている。インターネット上での情報サービスの提供基盤としてWorld Wide Web（WWW）が広く用いられている。インターネット上では電子メールのやりとりやファイル転送など，WWW以外の基盤もある。以下ではインターネットとWWWを中心に，私たちの情報環境を支えるコンピュータネットワークのしくみについて解説する。

22：高速度撮影した動画を一般的再生速度で再生すればスローモーションとなる。その逆の微速度撮影もある。

(1) コンピュータネットワークとは

a．コンピュータネットワークの原理と利点

　数台のコンピュータをそれぞれ単独で使用している場面を想定する。あるコンピュータに保存されているデータを他のコンピュータでも使用したいという場合はどうしたらよいであろうか。また，1台のプリンタを数台のコンピュータで共用できないであろうか。このようにコンピュータやそれにつながる装置，あるいはソフトウェアを共同で使いたいといったことが多くある。

　複数のコンピュータをなんらかの接続手段で相互接続し，コンピュータ間でデジタルデータをやりとりするしくみを「コンピュータネットワーク」（computer network），あるいは略して「ネットワーク」という。データを保存してあるコンピュータや，プリンタを接続してあるコンピュータは，他のコンピュータからの求めに応じて「データを提供する」「プリンタで印刷を行う」という動作をする。これを「サービス」（service）という。ネットワークにおいては，「サービスを提供するコンピュータ」へ他のコンピュータが要求（リクエスト）をし，それにサービス提供側が応じることにより「資源の共有」を行っている。ここでいう「資源」とは，コンピュータに保存されているデータや，共用したいプリンタ等の装置のことである[23]。

b．ネットワークの作り方：構内のネットワーク

　構内（一つの建物や敷地の中）のコンピュータをつないで作るネットワークは，いちばん小さいネットワークといえる。多くのパソコンにはネットワークケーブルを接続するための接続端子（ネットワークポート）が備わっている。国際規格によって，接続端子の寸法やネットワークケーブルの品質が決められている（2-14図参照）。

　図書館や学校に既存のネットワーク設備がある場合，パソコンをネットワークに接続することは，パソコンを近くにあるネットワークハブにつなぐことから始まる。ネットワークハブは，コンピュータからのネットワークケーブルを接続する複数のネットワークポートを備えた機器で，これに接続したコンピュ

23：データやプリンタのサービス以外にも，「大量の計算を複数のコンピュータに分散させて行い，ネットワークを通じて結果を集める」という使い方もある。

2-14図　ネットワークケーブルの接続部（左）とパソコン側の接続端子（中），ネットワークケーブルを接続端子に挿しこんだ様子（右）

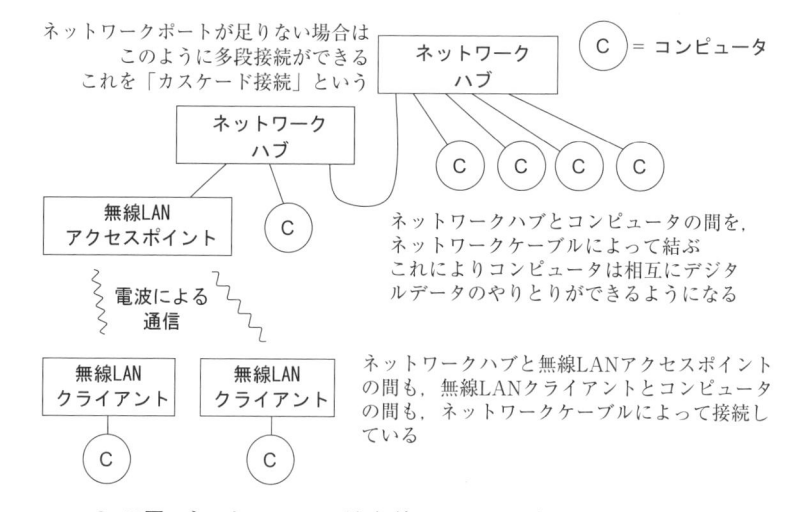

2-15図　ネットワークハブと無線LANによるネットワークの形成

ータどうしでデジタルデータのやりとりをすることができるようになる（2-15図参照）。このような狭い範囲で構築したネットワークをLAN（Local Area Network）という。

　ネットワークでのコンピュータどうしのデータのやりとりのためには，相手のコンピュータを特定できなければならない。そのため，電話における電話番号と同様，コンピュータを一意識別するための識別子であるIPアドレスを各コンピュータに設定する。IPアドレスは「192.168.3.100」というような，四つの数字をピリオドでつないだものである。

IPアドレスは構内ネットワークの中で重複しないように管理して設定する必要がある。とはいっても，コンピュータの数が増えると重複しないように管理するのは面倒であり，必ずしもコンピュータの設定操作に習熟していない使用者に設定作業を任せるわけにもいかない。そこで，IPアドレスの範囲を決めるだけで，あとは自動的に各コンピュータにIPアドレスを設定することができるDHCPというしくみが用意されている。

　ノート型パソコンを構内で持ち歩いて使用したい，あるいは，ネットワークケーブルが多くなり煩わしいのでなんとかしたい，という要望には，無線LAN（あるいはWi-Fi[24]）によって応えることができる。無線LANとは2-15図の左下に示すように，コンピュータとネットワークハブの間のデータのやりとりを電波によって行うというものである。コンピュータ側とネットワークハブ側の両方に電波の送受信機が必要になる。一般には前者は「無線LANクライアント」，後者は「無線LANアクセスポイント」とよばれる。

c．デジタルデータのやりとり

　音楽のダウンロードサービスを提供するサーバとその受け手であるクライアントといったように，ネットワーク上でつながったコンピュータ間では，一方がサービスの提供者（サーバ，Server），他方がサービスの利用者（クライアント，Client）となることが多い。このような方法でネットワークでのやりとりを行う考え方を「クライアント・サーバ・モデル」という。サービス提供者の役割を果たすソフトウェアをサーバソフトウェアといい，サーバソフトウェアを動作させるコンピュータをサーバコンピュータという。サービス利用者の方をクライアントソフトウェア，クライアントコンピュータという。これらソフトウェアやコンピュータによって構成されるしくみを「クライアント・サーバ・システム」という[25]。

24：無線LANとWi-Fiは厳密な定義では少々異なる点があるが，ほぼ同義に使われることばである。
25：OSを利用すれば一台のコンピュータで複数のソフトウェアを動作させることができるのであるから，一台のコンピュータで複数のサーバソフトウェアを動作させることが可能である。この際，届いたデジタルデータがどのサーバソフトウェア宛なのか見分けられる必要がある。そのため，デジタルデータを送出する際には相手コンピュータのIPアドレスと共に，届け先ソフトウェアを特定する「ポート番号」を指定することになっている。

一方，対等な関係で行われる二者間の通信もある。例えば，電話での通話は，通話開始時には「電話をかける」「電話を受ける」という行為が行われるが，通話が始まれば対等な関係で自由にやりとりを行う。インターネットでの二つのコンピュータのやりとりを対等な関係で行う方法を「ピア・ツー・ピア」（Peer to Peer：P2P）という。ピア・ツー・ピアを用いたしくみの例として，インターネット電話やファイル交換が挙げられる。

d．ネットワークの作り方：インターネットへの発展

既に構築されている二つの LAN を接続すれば，データをやりとりできるコンピュータが増え，資源の共有がより広い範囲で行える。二つの LAN の接続は「ルータ」（router）を介して行う。ルータを直訳すると「方路制御するもの」となる。その名の通り，宛先コンピュータが送信元コンピュータの属する LAN の中にない場合，ルータがデジタルデータを受け取り，宛先コンピュータのある LAN へと流してくれる。いわば LAN と LAN の仲介役である。ルータは「目的のコンピュータにデータを届けるためには受け取ったデータをどの LAN に流せばいいか」という情報を他のルータとやりとりし蓄積している。この情報はすべて IP アドレスをもとに決定されるので，各コンピュータやルータに付与される IP アドレスは世界中でただ一つのものでなければならない[26]。

このようにして，LAN と LAN を接続し，さらにそこに新たな LAN を接続し，ということを繰り返していくとネットワークはどんどん大きくなる。こうしてできあがった世界中に広がるネットワークがインターネット（Internet）である。

最近は，家庭や学校，オフィスなどで構築した LAN をインターネットに接続する際には，インターネット接続業者（の LAN）にルータを介して接続するという方法が一般的である。インターネット接続業者を英語で Internet Service Provider（ISP）という[27]。ISP はさらに上位の ISP へ接続する。いち

26：IP アドレスをすべて使うと約40億台のコンピュータに IP アドレスを付与することができる。しかし近年の爆発的なインターネットの発展により，IP アドレスが足りなくなってきた。これを「IP アドレスの枯渇」という。現在の IP アドレスに代わりもっとたくさんのコンピュータにアドレスを付与できる「IPv6アドレス」が使われはじめている。

ばん上には「IX」(Internet eXchange) という ISP がある。これらが相互に接続することによって世界を覆うインターネットが構成されている。

e．ネームサービス：IP アドレスに代わる「名前」

私たちがインターネット Web ページを閲覧したり電子メールを送信したりする際に，無味乾燥な数字の並びである IP アドレスによってサーバコンピュータを指定することはない。IP アドレスの代わりに意味のある名前を用いている。これを可能にするのがドメインネームシステム (Domain Name System：DNS) である。電子メールアドレス，例えば foo@example.com の example.com の部分やインターネット Web ページの URL，例えば http://www.example.com/ の www.example.com などの部分はドメインネームシステムに基づく名前である。この名前を IP アドレスに変換するしくみを「ネームサービス」といい，それを行うサーバを「ネームサーバ」あるいは「DNS サーバ」という。WWW や電子メールのクライアントソフトウェアは，まずネームサーバに「名前から IP アドレスへの変換」(これを「名前解決」という) を依頼し，受け取った IP アドレスをもとにサーバコンピュータとやりとりをする。

(2) インターネット上のサービス

インターネット上ではさまざまなサービスが行われているが，代表的なものを三つ解説する。

a．ファイル転送サービス

クライアントからファイルを送り，サーバはそれを受け取りファイルとして保存する。また，サーバに保存されているファイルをクライアントが要求するとサーバがそのファイルをクライアント宛に送り，クライアントはそれをファイルとして保存する。転送に先立ち，クライアントからユーザ名とパスワードを送って「許可された者からの要求」であるかどうかを確認する (認証をする)。

b．電子メールサービス

個人から個人へメッセージを送るサービス。郵便 (英語で mail) に似ているためこの名前がついた。電子メールの送信者は電子メールクライアントソフ

27：日本では「プロバイダー」とよばれることが多い。

トウェア[28]を用いて，宛先の電子メールアドレスとメッセージ（本文），件名（電子メールの主題，あるいはタイトル）を入力して電子メールを送信する。電子メールを受け取る場合も同じソフトウェアを用いて電子メールを受信し，読む。

2-16図に示すように，電子メールアドレスは「@」の左側と右側がそれぞれ意味を持つ。左側（ローカル部）では個人を識別し，右側（ドメイン）は一般に「電子メールサーバ」を意味する。

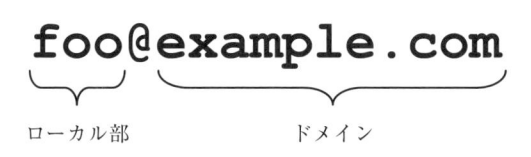

```
foo@example.com
```
ローカル部　　ドメイン

2-16図　電子メールアドレスの例とその構成

電子メールサーバは電子メールクライアントソフトウェアから電子メールを受け取ると，宛先電子メールアドレスのドメインで示される電子メールサーバ宛に電子メールを送る。電子メールを受け取った電子メールサーバは自身の中にそれを保存しておく。保存する場所（フォルダ）を「メールボックス」（mailbox）という。

電子メールを受信するには，電子メールクライアントソフトウェア（送信時に使用したものと同じ）から電子メール受信サーバへ要求を出す[29]。いずれも自分宛のメール到着の有無を尋ね，あればメール本体を要求する。他人が不正に電子メールアドレスを受信してしまうことを防ぐため，クライアントとサーバのやりとりの開始時にはユーザ名とパスワードによる認証が行われる。

電子メールでは文字しか送ることができない。しかし，コンピュータに保存してある画像ファイルなどを相手に送りたいということもある。そこで，ワー

28：「メーラ」（mailer）ともよばれる。
29：「電子メールサーバ」と「電子メール受信サーバ」は異なるので注意。混乱を避けるため，それぞれが使用するプロトコル（後述）の名称を使って，前者を「SMTPサーバ」，後者を「POPサーバ」「IMAPサーバ」ということがある。

プロ文書や画像などのデータを文字の並びに変換した上で送受信するしくみが作られている。この変換の規格は MIME とよばれる。

インターネット Web ページを通じてメールを読み書きできるサービスもある。利用者が電子メール読み書きのためのインターネット Web ページ（サービス提供者ごとに異なる）にてメール送受信の操作を行うと，Web サーバが電子メールサーバや電子メール受信サーバとやりとりをする，というものである。

c．World Wide Web

World Wide Web（WWW）は，もともとはハイパーテキスト（リンクで結び合った文書）をインターネット上で提供するためのしくみである。見栄え良く編集された文書を，世界中どこへでも簡単に届けることができることから1990年代に爆発的に広がり，現在では個人の日記の公開から大企業の商取引まで，さまざまな目的に使われている。図書館の情報サービスにも使用されている。WWW およびハイパーテキストについては次節で詳説する。

（3）デジタルデータのやりとりの取り決め：プロトコル

ソフトウェアどうしがネットワークを通してやりとりするためには，さまざまな取り決めをしておかなければならない。この取り決めをプロトコル（protocol）とよんでいる。プロトコルは，ソフトウェアどうしが会話するための「言語」といってもよい。電子メールや WWW などは広く使用されているので，そのプロトコルは国際標準で定められている[30]。

2-17図に，電子メールを送信する際の電子メールクライアントソフトウェアと電子メールサーバソフトウェアとのやりとりを示す。やりとりの始まりはクライアントからサーバへの送出によって行われる。サーバは受け取ったデジタルデータの意味，すなわちクライアントからの要求を解釈し，それに対する返信を送出する。図に示すとおり，何回かのやりとりの間に，電子メール送信に必要なすべてのデータ（送信者と受信者の電子メールアドレス，および本文）をクライアントからサーバへ送っている。このプロトコルは「SMTP」

30：ポート番号にも国際標準がある。WWWは80番，メール送信は25番，メール受信は110番となっている。

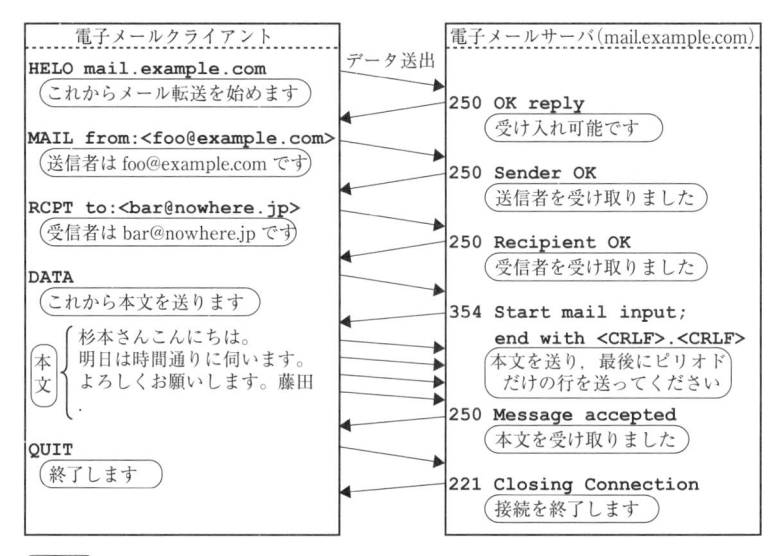

```
            電子メールクライアント                    電子メールサーバ(mail.example.com)
         HELO mail.example.com        データ送出
          ( これからメール転送を始めます )             250 OK reply
         MAIL from:<foo@example.com>              ( 受け入れ可能です )
          ( 送信者は foo@example.com です )         250 Sender OK
         RCPT to:<bar@nowhere.jp>                  ( 送信者を受け取りました )
          ( 受信者は bar@nowhere.jp です )          250 Recipient OK
         DATA                                      ( 受信者を受け取りました )
          ( これから本文を送ります )                354 Start mail input;
           ┌ 杉本さんこんにちは。                       end with <CRLF>.<CRLF>
         本文│ 明日は時間通りに伺います。              ( 本文を送り，最後にピリオド
           └ よろしくお願いします。藤田                 だけの行を送ってください )
                                                   250 Message accepted
         QUIT                                       ( 本文を受け取りました )
          ( 終了します )                            221 Closing Connection
                                                    ( 接続を終了します )
```

(⎯⎯⎯) 内は送出されるデータの意味。
電子メールサーバが送出するデータの先頭の 3 桁の数字は「SMTP 応答コード」といい，応答の意味を表す。たとえば 250 は「要求を受け付けた」という意味。他にエラーを示すコードなどがある。

2-17図 電子メールサーバと電子メールクライアントとのやりとり（SMTP）

(Simple Mail Transfer Protocol) と名付けられている。

電子メール受信の際には POP（Post Office Protocol）や IMAP（Internet Message Access Protocol）というプロトコルが使用される。また，前述のファイル転送サービスのプロトコルは FTP（File Transfer Protocol），WWW のプロトコルは HTTP（次節で解説）である。

（4）World Wide Web のしくみと技術

現在，インターネットにおいて WWW がいちばんよく使われているサービスである。WWW の意味で「インターネット」ということばが使われることすらある。そこで，WWW については節を分けて解説する。

a．Web ページ：WWW の「内容」を構成する最小単位

WWW 上では「WWW ページ」もしくは「Web ページ」とよばれる，さまざまな文書や文書の形をとったサービスの窓口がある。「ページ」とはいって

も，図書の1ページは大きさが決まっていて文字数や画像スペースの制約があるが，Webページには制約はなく，いくらでも長くすることができる。例えば論文であれば1ページにまるごと収めてしまうことも，1章ごとにページを作ることも可能である。

b．ハイパーテキスト：つながりを持つ文書

　Webページの大きな特徴は，ページ間のつながりを設けることができる点である。このつながりのことを「ハイパーリンク」(hyperlink) あるいは単に「リンク」(link) という。Webページの中の文字の一部，あるいは画像などから他の文書へのリンクを設けることができる。このように，リンクによって相互に関連付けられた文書を「ハイパーテキスト」(hypertext) という。2-18図にハイパーテキストの概念図を示す。ハイパーテキストはWWWが考案されるより前に既に考案され使われていたものであるが，WWWはそれをインターネット上に広げることで，世界の情報環境を大きく変化させるブレークスルーとなった。

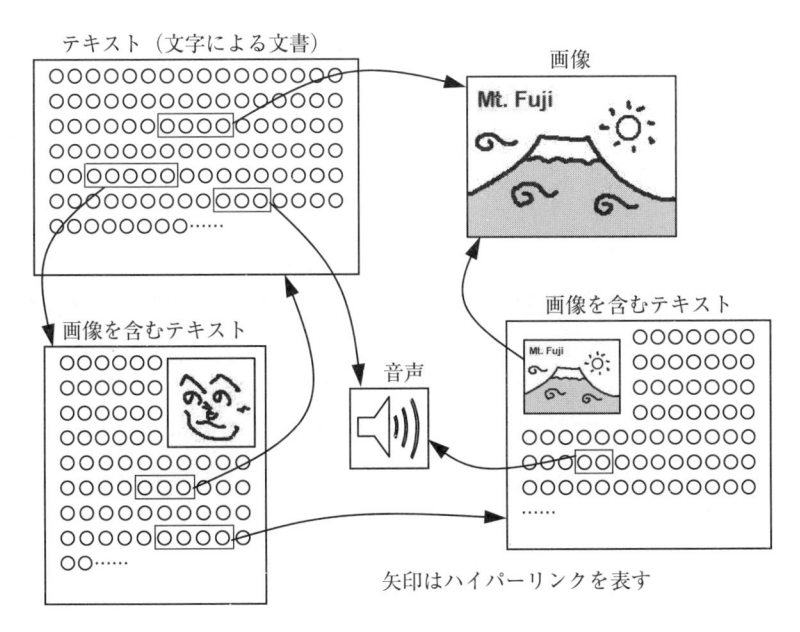

2-18図　ハイパーテキストの概念図

リンクの実際の設け方の一例を示す。

①目次のWebページを作り，目次中の章の見出しから各章の本文が収められたWebページへのリンクを設ける。閲覧者は目次にて読みたい章のリンクをたどればその章が表示され，読むことができる。

②文字と画像が混在したWebページにおいて，文字（文章）を邪魔しないように画像を小さくして入れる。本来の大きさの画像を含んだ別のWebページを作成し，小さな画像からそのWebページへのリンクを設ける。閲覧者がもっと精細な画像を見たい場合に，小さな画像からのリンクをたどって本来の大きさの画像を得る。

③文中のことばから，そのことばの解説を含むWebページへのリンクを設ける。

なお，Webページということばのほかに「Webサイト」ということばも使われる。例えば，A社が作成したWebページ群は「A社のWebサイト」というように，何らかの組織や活動等を単位としてひとまとまりのWebページを提供するもののことを意味する。

c．HTML：Webページを表現するための「言語」

Webページでは文字や画像などさまざまな形式のデータを混在させられる。Webページにはハイパーリンクも表現できる。これらを可能とするのが「HTML（HyperText Markup Language）」である。HTMLに基づいて作成した文書をHTML文書という。詳しくは次章で解説する。

d．Webページの公開と閲覧，およびプロトコル

作成したWebページを構成するHTML文書ファイルや画像ファイルなどをWebサーバとして用いるコンピュータに保存し，そのコンピュータでWebサーバソフトウェアを動作させればWebページの公開ができる。

WebサーバとWebクライアントの間ではHTTP（HyperText Transfer Protocol）というプロトコルに基づいてデータのやりとりが行われる[31]。これは，クライアントからサーバに対して「文書ファイルabc.htmをください」「画像ファイルxyz.jpgをください」という要求を送り，サーバからそのファイルの

31：HTTPについては，7章でも触れる。

内容を送り返す，という単純なものである。

なお，WWW のクライアントソフトウェアを特に「Web ブラウザ」（Web browser）という。Web ブラウザで Web ページを閲覧するには，URL を入力して特定の Web ページを直接表示させる方法とリンクをたどる方法がある。リンクをたどる操作は，実際には「リンク元」である文字や画像にマウスカーソルを合わせてクリックする，あるいはタブレットの画面上で文字や画像に触れることが一般的である。

e．Web ページの所在を示す URL

Web ページはリンクによって相互につながっているので，リンクをたどればどの Web ページにもたどり着くことはできる。しかし，特定の Web ページを直接閲覧したいという場合もあるし，リンクによってつながっていない「孤立した Web ページ」もあるかもしれない。このような場合でも，Web ページに付けられた「識別子」（一意識別するもの）によってその所在を表し，Web ページを特定できる。この識別子を「URI（Uniform Resource Identifier）」[32]といい，その具体的な表記法として「URL（Uniform Resource Locator）」がある。

URL の例とその意味を 2-19 図に示す。

```
http://www.example.com/products/fridge/a1234.html
```
①プロトコル②Web サーバコンピュータ名③Web サーバ内での Web ページの所在

URL を与えられた Web ブラウザは，②のコンピュータに，①のプロトコルを用いて，③の Web ページを要求する。

③は多くの場合「products フォルダの中の fridge フォルダの中の a1234.html というファイル」を意味する。

```
http://www.nowhere.jp/access/
http://www.example.com/
```

上記 2 例のように Web ページのファイル名がない URL もある。これはファイル名を省略している。省略されたファイル名がどのように補われるかは Web サーバの設定による。

2-19 図　URL の例とその構成

f．双方向性を持つ Web ページ

WWW には，利用者からの入力に応じて表示内容が決まる，双方向性を持

32：URI については，7 章で詳説する。

つWebページが多くある。例えば，図書館のOPACは，閲覧者が検索語を入力して検索ボタンを押すと検索結果が表示される。つまり，閲覧者がWebブラウザに入力するデータによって，Webサーバから送られてくるWebページの内容が異なる。

　これは以下のしくみにより実現されている。WebブラウザからWebサーバへ要求が送られる際，閲覧者が入力した検索語も共に送られる。Webサーバは単に自身に保存されているファイルの内容を送り返すのではなく，その検索語をもとに検索プログラムを実行し，その結果をWebブラウザに送り返す。

　なお，双方向性ということばのほかにも「会話的なWebページ」「インタラクティブ（interactive）なWebページ」といわれることもある。

3章　インターネットを利用した情報の発信

　WWWによって不特定多数の相手に対しての「閲覧しやすい情報」の公開が行えるようになり，図書館の世界においても積極的にインターネットでの情報発信を行う例が見られる。その内容は，図書館の利用案内から所蔵する資料の公開に至るまでさまざまである。図書館にとっては，インターネットによる情報発信はとても重要な手段である。

　本章ではWebページやWebサイトの作成方法の概要および作成技術を講じ，より高度なWebページ作成のための各種技術や，Webにおけるより詳しいデータのやりとりに適したデータ記述規則を解説する。なお，Webページ作成やWebサイト構築に関してはさまざまな出版物があるので，本章の内容を超える技術や知識の習得にはそれらを利用されたい。

1．Webページ作成の概要

　本節では，Webページの作成方法の概要を解説する。本節で述べる規格や技術等の詳細は次節以降で解説する。

　Webページの中身は文章（テキスト，文字データ）が基本であり，その中に画像等が埋め込まれる[1]。「段落」「章見出し」「節見出し」といった文章中の一部分の役割を表現したり，画像等を埋め込んだり，リンクを埋め込んだりすることのできるHTMLという言語を使用してWWW向けの文書（HTML文書とよぶ）を作成する。HTML文書を収めたファイルと，埋め込まれる画像等のファイルにより，ひとまとまりのWebページが構成される。

　いくつかのWebページを作成し，それらをまとめてWebサイトとする場合には，入り口となるWebページ（トップページなどとよばれる）を起点と

---

[1]：動画や音声を埋め込むこともできる。また，使用できる画像ファイルは，前章で解説したJPEG，GIF，PNG形式のものである。

して，WebサイトのWebページをリンクによって連結し，Webページ間を行き来できるようにする。

　WebページをWebブラウザによって閲覧すると，基本的なデザイン規則（白の背景に黒い文字，画像ファイルは出現順に並べて表示，など）によって文字や画像等がWebブラウザ上に表示される。しかし，デザインやレイアウトを変更し，より見やすく表示したいということもある。そのような場合は，CSS（Cascading Style Sheets）により記述したCSSスタイルシートをWebページに適用することにより，文字の書体や大きさ，画像の位置，余白などを調整してデザインやレイアウトを整えることができる。また，一つのCSSスタイルシートを複数のWebページに適用することにより，Webサイト内のWebページのデザイン統一をはかることもできる[2]。CSSスタイルシートはWebページとは別にファイルに保存する。なお，CSSのような「デザインやレイアウトを指示するためのスタイルシートを記述する言語」を「スタイルシート言語」とよぶ。

　以上により基本的なWebページやWebサイトを作成することはできるが，WWWにはアニメーションや動画を表示するWebページがあり，また，双方向性を持つWebページ[3]もある。このような多様なWebページを作成するために，JavaScript，Flash，CGI，PHPなどの技術が使用される。また，HTMLやCSSを知らなくても多くのWebページから構成されるWebサイトを構築し管理できるソフトウェアなど，WebページやWebサイトの作成と管理を支援する技術がある。

　社会へ情報発信を行うWebページやWebサイトは，社会の誰もが使いやすいものであるべきである。特に図書館のような公共的機関においては，障がい者や高齢者であっても見やすく操作しやすいWebサイトを作成することが重要であり，これを「アクセシビリティの確保」という。

2：Webサイトの使い勝手のよさのことを「ウェブユーザビリティ」（web usability）というが，これを向上させる方法の一つがデザインの統一である。CSSスタイルシートを適切に作成しWebサイト全体に適用することは使い勝手のよいWebサイトを構築するために必要なことである。また，CSSスタイルシートを変更するだけで，Webサイト全体のデザインを変更することができる。

3：双方向性を持つWebページについては前章（59ページ）を参照。

以降の節においては，Web ページ作成の基本技術，すなわち HTML と CSS について解説し，続いて多彩な表現や作成支援のための技術，およびアクセシビリティについて解説する。

2．HTML と CSS による基本的な Web ページ作成

(1) HTML

　HTML 文書を作成するためには，文章中に HTML タグ（HTML tag）とよばれるマークを埋め込む。HTML タグにはさまざまな役割を持つものがある。例えば，段落開始を意味する <p> タグ，段落終了を意味する </p> タグ，画像を埋め込む <img> タグなどがある。

　3-1 図に HTML 文書の具体例を示す。これはある公共図書館の Web ページである。図中の太字の部分が HTML 文書であり，その周りの図形は文書の構造やタグの説明である。この HTML 文書を Web ブラウザで閲覧すると 3-2 図のようになる。二つの図を対比させながら見ると以下のことがわかる。

①本文冒頭にて図書館名を大きな見出しとするため，図書館名を <h1> タグと </h1> タグで囲んでいる[4]。

②この文書は「図書館のニュース」「図書館をご利用の前に」「所在地と開館時間」「メニュー」の四つの大項目から成る。それらの見出しを <h2> タグと </h2> タグで囲んでいる。

③「図書館をご利用の前に」の大項目の中には「利用資格」「利用者カードについて」の二つの小項目がある。それらの見出しを <h3> タグと </h3> タグで囲んでいる。

④「図書館のニュース」「所在地と開館時間」では内容を箇条書きにしている。箇条書き部分は，開始を意味する <ul> タグと終了を意味する </ul> タグで囲んでいる。また，「利用者カードについて」の一部は番号付き箇条書きを意味する <ol> タグと </ol> タグで囲んでいる。箇条書きの要素

4：タグに含まれるアルファベットは大文字でも小文字でもよい。

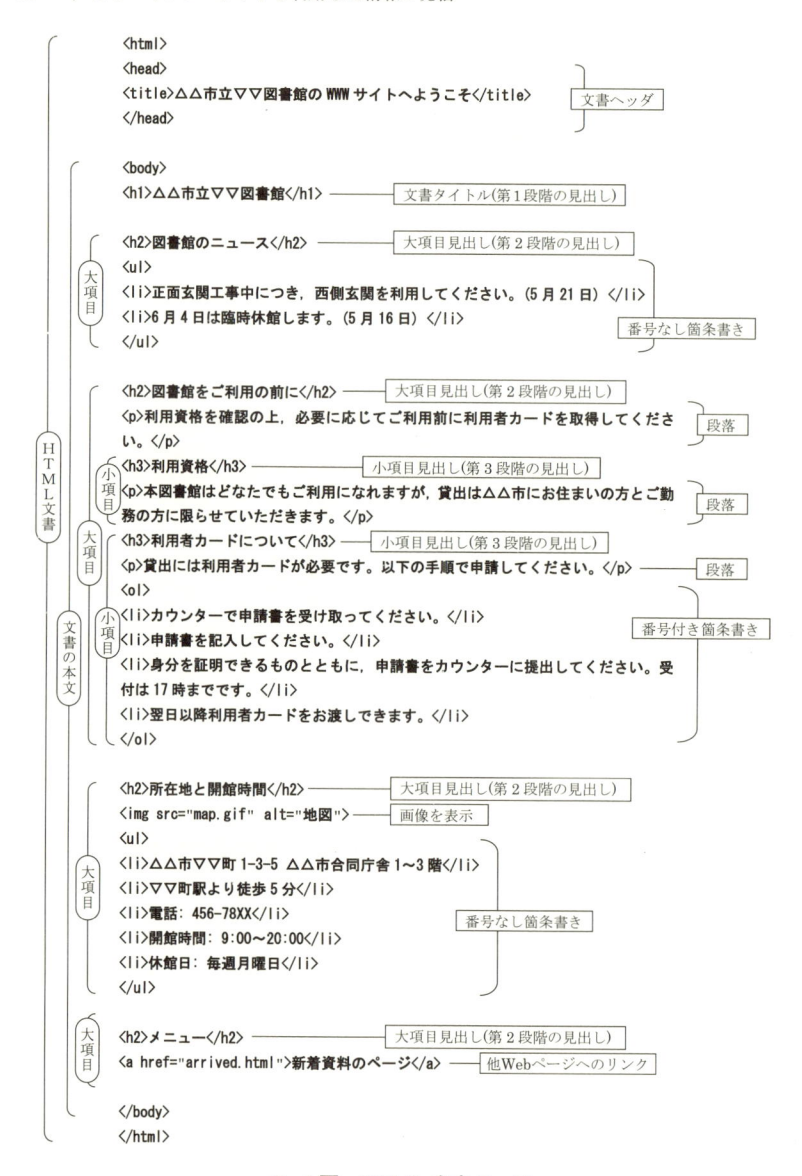

```
<html>
<head>
<title>△△市立▽▽図書館の WWW サイトへようこそ</title>                    ┤ 文書ヘッダ
</head>

<body>
<h1>△△市立▽▽図書館</h1>                    ── 文書タイトル(第1段階の見出し)
<h2>図書館のニュース</h2>                    ── 大項目見出し(第2段階の見出し)
<ul>
<li>正面玄関工事中につき，西側玄関を利用してください。(5月21日)</li>
<li>6月4日は臨時休館します。(5月16日)</li>                ┤ 番号なし箇条書き
</ul>

<h2>図書館をご利用の前に</h2>                ── 大項目見出し(第2段階の見出し)
<p>利用資格を確認の上，必要に応じてご利用前に利用者カードを取得してください。</p>                                              ┤ 段落
<h3>利用資格</h3>                            ── 小項目見出し(第3段階の見出し)
<p>本図書館はどなたでもご利用になれますが，貸出は△△市にお住まいの方とご勤務の方に限らせていただきます。</p>                    ┤ 段落

<h3>利用者カードについて</h3>                ── 小項目見出し(第3段階の見出し)
<p>貸出には利用者カードが必要です。以下の手順で申請してください。</p>      ┤ 段落
<ol>
<li>カウンターで申請書を受け取ってください。</li>
<li>申請書を記入してください。</li>
<li>身分を証明できるものとともに，申請書をカウンターに提出してください。受付は17時までです。</li>                                ┤ 番号付き箇条書き
<li>翌日以降利用者カードをお渡しできます。</li>
</ol>

<h2>所在地と開館時間</h2>                    ── 大項目見出し(第2段階の見出し)
<img src="map.gif" alt="地図">              ── 画像を表示
<ul>
<li>△△市▽▽町 1-3-5  △△市合同庁舎 1～3 階</li>
<li>▽▽町駅より徒歩5分</li>
<li>電話：456-78XX</li>                      ┤ 番号なし箇条書き
<li>開館時間： 9:00～20:00</li>
<li>休館日： 毎週月曜日</li>
</ul>

<h2>メニュー</h2>                            ── 大項目見出し(第2段階の見出し)
<a href="arrived.html">新着資料のページ</a>  ── 他Webページへのリンク

</body>
</html>
```

3-1図　HTML 文書の一例

HTML 文書の右側にはタグの説明を，左側には文書の構造を示す。

△△市立▽▽図書館

図書館のニュース

- 正面玄関工事中につき、西側玄関を利用してください。(5月21日)
- 6月4日は臨時休館します。(5月16日)

図書館をご利用の前に

利用資格を確認の上、必要に応じてご利用前に利用者カードを取得してください。

利用資格

本図書館はどなたでもご利用になれますが、貸出は△△市にお住まいの方とご勤務の方に限らせていただきます。

利用者カードについて

貸出には利用者カードが必要です。以下の手順で申請してください。

1. カウンターで申請書を受け取ってください。
2. 申請書を記入してください。
3. 身分を証明できるものとともに、申請書をカウンターに提出してください。受付は17時までです。
4. 翌日以降利用者カードをお渡しできます。

所在地と開館時間

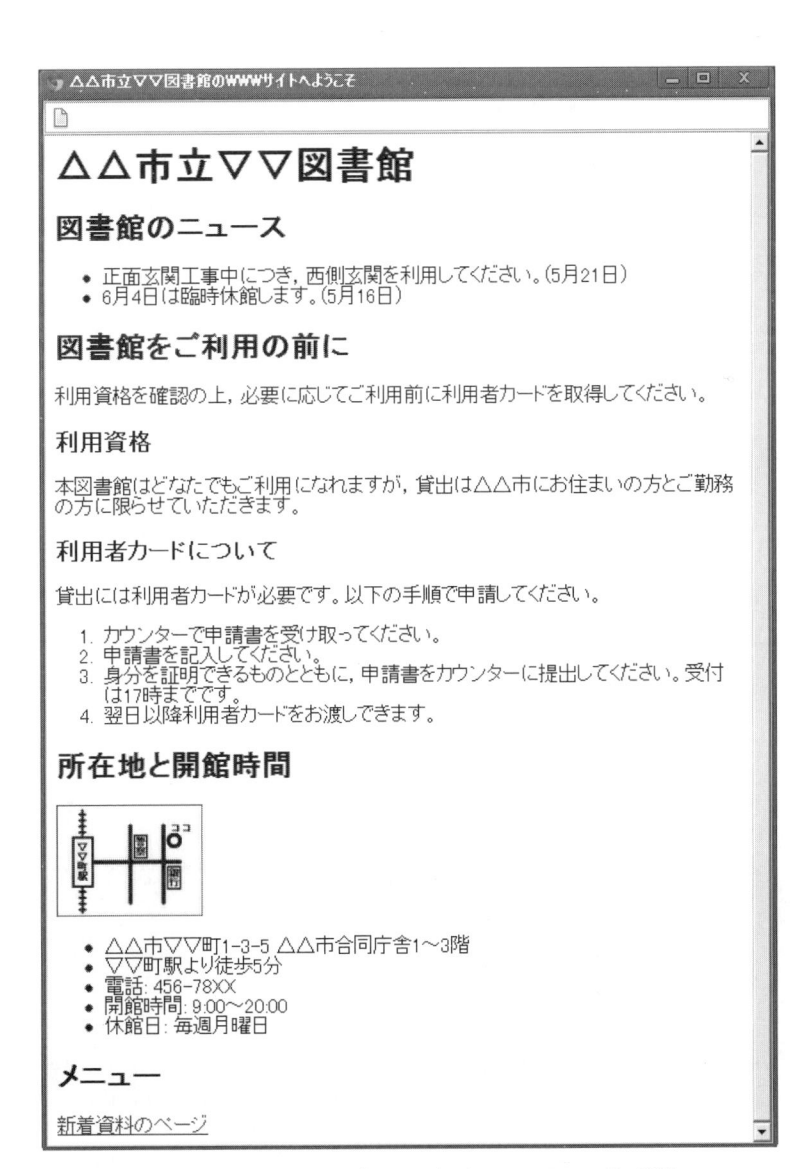

- △△市▽▽町1-3-5 △△市合同庁舎1〜3階
- ▽▽町駅より徒歩5分
- 電話: 456-78XX
- 開館時間: 9:00〜20:00
- 休館日: 毎週月曜日

メニュー

新着資料のページ

3-2図　HTML文書（3-1図）をWebブラウザで閲覧

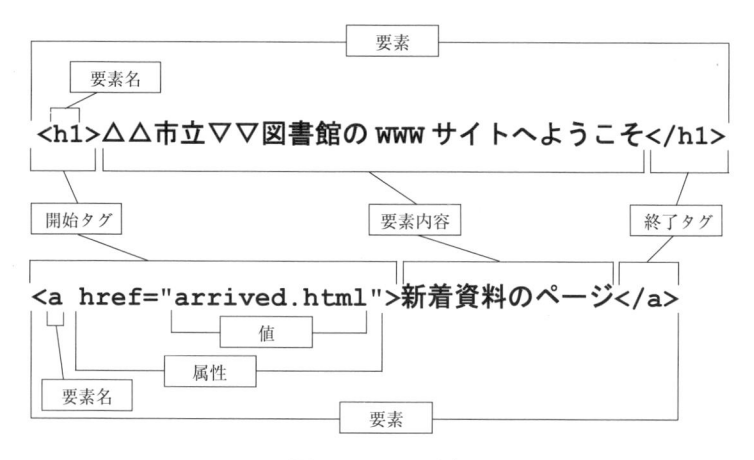

```
            ┌──────────────── 要素 ────────────────┐
            ┌ 要素名
            <h1>△△市立▽▽図書館のwwwサイトへようこそ</h1>
            └─開始タグ─┘    └─── 要素内容 ───┘   └ 終了タグ ┘

            <a href="arrived.html">新着資料のページ</a>
             └  └─┘ └────┘
              要素名 属性  値
                                        └──── 要素 ────┘
```

3-3図 HTMLの要素とタグ

は<li>タグと</li>タグで囲んでいる。

このように，HTMLタグには"<"と">"で表される「開始タグ」，"</"と">"で表される「終了タグ」があり，両者および両者に囲まれた内容によって文書内の「要素」が表される。HTML文書はこのように，要素の中に要素があり，その中にまた要素がある「入れ子構造」になっている。要素およびタグの詳細を3-3図に，また，3-1表にHTMLタグの意味を解説する。

なお，HTML文書をファイルに保存する際によく用いられる拡張子は「.htm」あるいは「.html」である。また，文章もHTMLタグもテキスト形式[5]であるので，HTML文書の作成にはテキストエディタ[6]を使用することができる。

5：ワープロソフトで作成した文書においては，文字は一つひとつ色や大きさを変えることができ，また，ページの余白を調整したり図を入れたりすることができる。これに対し，テキスト形式の文書は文字のデータのみを含む。テキスト形式のことをプレーンテキスト（plain text）形式，ワープロソフトで作成できる文書をリッチテキスト（rich text）形式ということもある。

6：テキスト形式のファイルを作成・編集するソフトウェアをテキストエディタ（text editor）という。

2．HTMLとCSSによる基本的なWebページ作成

3-1表 HTMLタグとその意味

開始タグ	要素の意味
`<html>`	この文書がHTMLで記述されていることを示す。HTML文書全体はこの要素である[7]
`<head>`	文書のタイトルや適用するCSSなど，文書に関連する情報を含む要素
`<title>`	文書のタイトル要素。多くのWebブラウザは，この要素の要素内容を画面最上部の「タイトルバー」「タイトルタブ」とよばれる領域に表示する
`<body>`	文書の本文要素。Webブラウザの本文領域に表示される

`<h1>`
`<h2>`
：
`<h6>`
	見出し要素。6段階の見出しを付けることができ，h1要素は第1段階の見出し，h2要素は第2段階の見出しであり，以下h6要素まである

`<p>`	段落要素。HTML文書をテキストエディタで作成する際に`<p>`と`</p>`の間（段落要素の中）で改行を行っても，Webブラウザで閲覧すると改行は行われない
`<ol>`	番号付きの箇条書き要素。各項目はli要素とする
`<ul>`	番号なしの箇条書き要素。ol要素と同様，各項目はli要素とする
`<li>`	箇条書きの項目要素
`<img>`	この位置に画像を表示することを意味する。終了タグはない。このタグは属性が必要 • src属性の値：表示する画像のURLまたはファイル名 • alt属性の値：画像が表示できない場合に表示する代替文字列
`<a>`	リンクアンカ要素。リンクを設けたい文字列を開始タグと終了タグで囲む。このタグは属性が必要 • href属性の値：リンク先のURLまたはファイル名

(2) CSS

　Webページのデザインを整えるためにはCSSによって記述したCSSスタイルシートを作成する。CSSスタイルシートは，HTML文書の要素に対して適

---

[7]：本来は，HTML文書の冒頭（`<html>`タグより前）には文書型宣言（DOCTYPE宣言）が必要である。しかし多くのWebブラウザは文書型宣言がなくともHTML文書を解釈して表示することができるため本章では説明を省略した。

用するデザインを指示する．例えば，「h1要素は文字を大きめにして青色にせよ」という指示を記述できる．これにより，HTML 文書内のすべての h1 要素に統一のデザインを適用できる．

　3-2図の Web ページに CSS スタイルシートを適用した結果を3-4図に，その CSS スタイルシートを3-5図に示す．以下，図に基づいて CSS の詳細を解説する．

　CSS の書き方の基本は以下のとおりである．

　　　| セレクタ ｛プロパティ：値；｝ |

　セレクタとはスタイルを適用する HTML 文書内の要素を示し，プロパティは指定するスタイルの属性，値は属性値を意味する．例えば，3-5図の1行目は「HTML 文書内の h1 要素の文字の大きさ（font-size）を x-large という大きさにせよ」という意味である（x-large の意味は3-2表で解説）．HTML のそれぞれの要素が持つプロパティと，プロパティに与えられる値を知れば，CSS スタイルシートの作成を行うことができる．なお，プロパティと値の組を「宣言」という．

　CSS スタイルシートの作成方法の詳細を以下に示す．
　①一つのセレクタに複数の宣言を与えたい場合は，以下のように記述できる．

　　　| セレクタ ｛プロパティ1：値1；プロパティ2：値2；....｝ |

　3-5図の2～6行目，7行目，10～13行目がこれに該当する．
　②複数のセレクタに同じ宣言を与えたい場合は，以下のように記述できる．

　　　| セレクタ1，セレクタ2，.... ｛プロパティ：値；｝ |

　3-5図の8行目がこれに該当する．なお，宣言を複数にしてもよい．
　③CSS によるスタイルの記述は，3-5図の2～6行目や10～13行目のように複数行に分けてもよいし，その他の行のように1行でもよい．
　④CSS スタイルシートのファイル名の拡張子は「.css」である．

　3-5図で使用されるプロパティと値，および適用できる要素を3-2表にまとめる．

　このようにして作成した CSS スタイルシートを HTML 文書に適用するためには，3-6図のように，HTML 文書の head 要素の中に <link> タグを記述する．3-6図の例では「この HTML 文書に，ファイル名 toshokan.css の CSS

スタイルシートを適用する」という意味である。

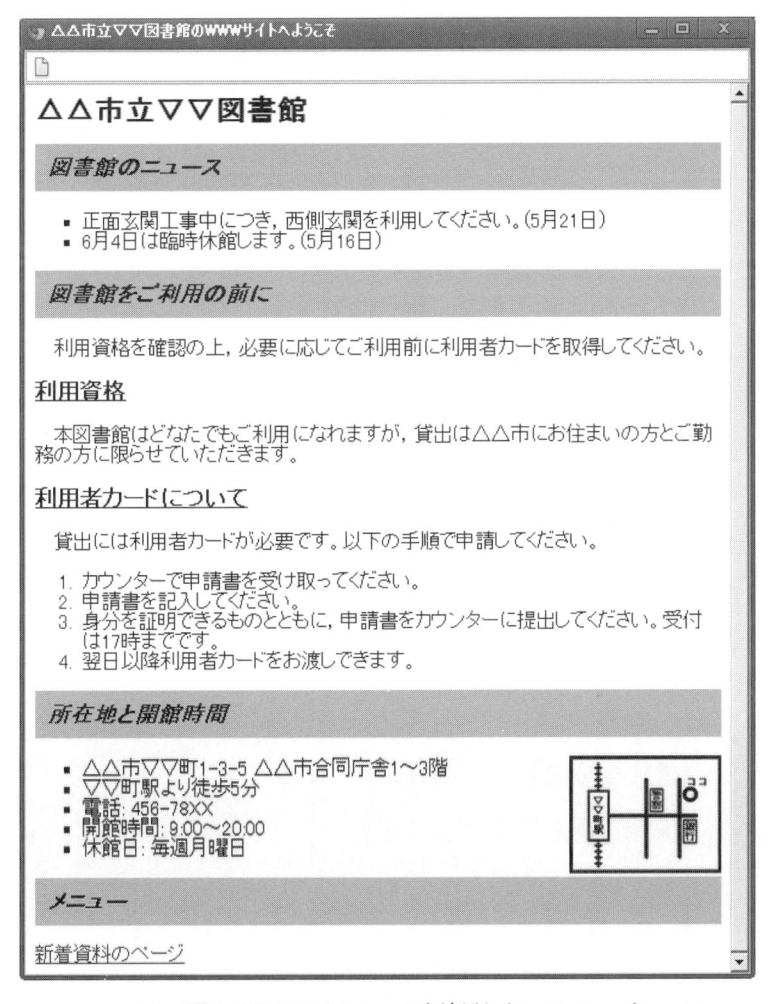

3-4図　CSSスタイルシートを適用したWebページ

```
1   h1 { font-size : x-large ; }
2   h2 {
3         font-style : italic ;
4         font-size : large ;
5         background-color : gray ;
6         padding : 10px ; }
7   h3 { font-size : large ; text-decoration : underline ; }
8   p,ul,ol { font-size : medium ; }
9   p { text-indent : 1em ; }
10  img {
11        border : 2px black solid ;
12        float : right ;
13        margin-left : 10px ; }
14  ul { list-style-type : square ; }
```

3-5図　CSS スタイルシート toshokan.css
（左端の数字は説明のための行番号）

```
<head>
<title>△△市立▽▽図書館の WWW サイトへようこそ</title>
<link rel="stylesheet" href="toshokan.css" type="text/css">
</head>
```

ここにCSSスタイルシートの
ファイル名を記述する

3-6図　CSS スタイルシートの HTML 文書への適用

（3）より柔軟な Web ページ作成のために

　HTML のタグや CSS のプロパティは多くあり，本章で解説したものはそれらの一部にすぎない。他のタグやプロパティを知ることで，発信したい情報の性質や形態に適した，より柔軟な Web ページ作成を行うことができる。
　学習者が自らの力でもう一段階先に進めるように，以下に学習の手がかりを示す。本章冒頭で触れたとおり，専門解説書を併用して学習を進められたい。
　①作表……HTML の table 要素，tr 要素，th 要素，td 要素を用いる。
　②書体の変更……本章で示した Web ページの例や演習問題においては，文字の「書体」がすべて同じであった。これを，例えば「章や節の見出しはゴシック体，本文は明朝体」というように変更することで文書が読みやすくなるこ

3-2表　CSSのプロパティと値および適用可能要素

プロパティとその意味	値と適用可能要素
font-size 文字の大きさ	xx-small, x-small, small, medium, large, x-large, xx-large（後に行くほど大きい） h1要素やp要素など，文字を含む要素に適用可
color 文字の色[8]	maroon, red, orange, yellow, olive, purple, fuchsia, white, lime, green, navy, blue, aqua, teal, black, silver, gray h1要素やp要素など，文字を含む要素に適用可
font-style 文字の斜体の指定	Italic h1要素やp要素など，文字を含む要素に適用可
text-decoration 取消線と下線	line-through（取消線），underline（下線） h1要素やp要素など，文字を含む要素に適用可
text-indent 先頭行の字下げの指定	字下げ幅を指定する。3-5図9行目の「1em」とは「およそ1文字分」を意味する h1要素やp要素など，文字を含む要素に適用可
border 画像の枠線	枠線の幅，色，種類をスペース（空白）で区切って指定する。幅はピクセル数（px）で指定する。色は上記colorプロパティと同様。種類はdotted（点線），dashed（破線），solid（実線） img要素に適用可
float 画像の配置	right（画像を右側に配置して文字データを左側に回りこませる），left（画像を左側に配置して文字データを右側に回りこませる） img要素に適用可
margin-left 画像左側の余白 （画像と文字との距離）	ピクセル数（px）で余白の大きさを指定する。他にmargin-right（右側の余白），margin-top（上の余白），margin-bottom（下の余白）がある img要素に適用可
list-style-type 箇条書きの行頭記号	ul要素ではdisc（黒丸），circle（白丸），square（黒四角）が使用可 ol要素ではdecimal（アラビア数字），lower-alpha（小文字アルファベット），lower-roman（小文字ローマ数字）などが使用可
background-color 背景の色	上記colorプロパティと同様 ほぼすべての要素に適用可
padding 上下左右の余白	ピクセル数（px）によって指定する ほぼすべての要素に適用可

8：3-5図では使用していないが，基本的なプロパティなので本表に載せた。

とがある。書体のことをフォントという。フォントの指定は CSS スタイルシートにて行う。

③同種の要素への異なるデザインの適用……「一部の h2 要素には異なるデザインを適用したい」ということもありうる。その際には，HTML 文書において要素の開始タグに「クラス名」「ID 名」を含め，CSS スタイルシートにおいて，それらに対応した「クラスセレクタ」「ID セレクタ」を用いる。

④一部分のデザインの変更……段落 1 個や文中の数文字など狭い範囲に異なるデザインを適用したい場合は，その範囲を HTML の span 要素や div 要素とする。前述の「クラス名」「ID 名」を併用する。CSS スタイルシートにおいては，それらに対応した「クラスセレクタ」「ID セレクタ」を用いる。

3．高度なユーザインタフェースとデータ管理の実現

Web ページでアニメーションのような動的な表現ができれば，より閲覧しやすい場合もあるであろうし，また，大規模な Web サイトを構築するためには Web ページの作成や管理をよりわかりやすくできたほうがありがたい場合もあるであろう。以下，このような要求に応えるためのさまざまな技術を解説する。

（1）表現方法を多彩にする技術

アニメーションや動画を用いて閲覧者に訴えかける，多彩な表現を可能とする技術を紹介する。

a．JavaScript

以下のような，表示形式や方法を状況に合わせて閲覧中に変更する Web ページを見かけることがある。

①表示されている文字そのものや色を変更する。
②画像を入れ替えて簡単なアニメーション表示を行う。
③ Web ブラウザの大きさ（縦横の寸法）を変更する。
④新たな Web ブラウザを表示し，特定の Web ページを表示する。
⑤警告や確認のための小ウィンドウ（ダイアログ）を表示する。

これにより，Web ブラウザ内の現在の操作対象を明確にしたり，間違った操作に対して警告を行ったり，重要な操作を行う前に確認を行ったり，Web ページのデザインやレイアウトの調整をしたりすることができる。

こうした動的な Web ページを作るには，表示の変更などを行うためのプログラムを準備する必要がある。JavaScript とはそうした目的のプログラムを記述するためによく用いられる言語の名称である。

b．Flash

Flash とはアニメーションや動画を作成し Web ページ内に表示する技術である。単にアニメーションや動画を表示するだけでなく，それに対するマウスやキーボードの操作を受け付け，それにより表示を制御したり，他の Web ページに移ったり，音声を付けたりすることができる。

Flash はアドビ社の開発した技術であり，アニメーションや動画を作成するためには専用のソフトウェア（これの名称も Flash である）を必要とする。また，Flash Player をインストールすることにより Web ブラウザにて Flash のアニメーションや動画の再生が可能となる。

c．HTML5

HTML は誕生からいままでに何度か言語仕様の改定が行われており，HTML5は HTML の第5版を意味する。なお，前節までの解説は HTML4に基づいている。

HTML5では，動画や音声，3次元グラフィクスなどを特別なソフトウェアやプログラム言語を使わずに HTML タグのみで HTML 文書に含めることができる。また，コンピュータに接続されたマイクやカメラを使用する Web ページも作成可能である。

（2）双方向性を持つ Web ページの実現

双方向性を持つページは，前章（59ページ）で触れたように，Web サーバの側に対話のためのプログラムを準備することで実現できる。ただし，こうしたプログラムは悪意ある攻撃に対する弱点，すなわちセキュリティ上の弱点となることもあるので，インターネット上で公開する Web ページの場合はセキュリティに対する注意が必要である。

Webブラウザ上での操作などに応じて，Webサーバ上でプログラムを起動できるようにするしくみをCommon Gateway Interface（CGI）といい，CGIを介して呼び出されるプログラムをCGIプログラムという。CGIプログラムはWebサーバ上で実行されるので，当該Webサーバで利用可能なものであれば，Java，C，Rubyなど，どのようなプログラム言語を用いて作っても構わない。

CGIプログラムによって作成した双方向性を持つWebページへのアクセスの様子を3-7図に示す。

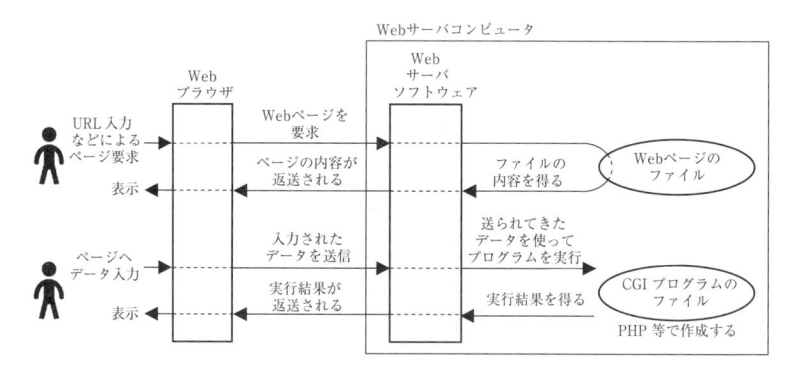

3-7図 Webページへのアクセス（上）と，CGIプログラムへのアクセス（下）

CGIプログラム作成によく使用されるプログラム言語の一つにPHPが挙げられる。一つのファイルの中にHTMLとPHPのプログラムの混在が可能である点や，Webブラウザから送られてきた入力データを扱うプログラムをわかりやすく作成できる点が，よく利用される理由である。

（3）Webサイト構築・管理の技術

一つのWebページは容易に作成および更新ができるが，Webページの集合であるWebサイト全体を構築し最新性を保つために更新し続けることは面倒な作業である。この問題を解決するための，Webサイトの構築や管理を支援するソフトウェアやサービスを紹介する。

a．Webサイト構築・管理ソフトウェア

ワープロソフトのような感覚でWebページ作成し更新することのできるソ

フトウェアである。デザインが統一された Web ページの作成および更新を行うことができる。また，Web ページ間のリンクを視覚的に表示および変更するしくみを持ち，これを利用することで Web サイトの全体構成を容易に確認でき，リンク先に Web ページがないという状態（リンク切れ）が生じることを防止することができる。こうしたソフトウェアを用いるとそのソフトウェアの提供する機能の範囲内での Web サイトの構築に限られるが，HTML や CSS の直接記述に比べて効率的な Web サイトの構築と運営が可能となるため，広く利用されている。Web オーサリングソフトウェアともよばれる。

Dreamweaver（アドビ社），Expression Web（マイクロソフト社），ホームページ・ビルダー（ジャストシステム社）などがある。

b．CMS（Contents Management System）

3-8図の左側は，ある図書館の Web サイトの構成を示している。トップページには各 Web ページへのリンク（メニュー）があるとともに，各 Web ページの情報の一部（「図書館の最新ニュース」など）が載せてある。前節で扱った公共図書館の Web ページが発展したものと思えばよい。

「図書館のニュース」ページに掲載されたニュースのうち最新のものはトップページにも載せられるが，両方の Web ページを更新するのは面倒であり，間違いも起きやすい。Web サイトに対して新たなお知らせを1回だけ追加することにより両方の Web ページに載るようになっていればこのような問題は起きず，また，一定期間が過ぎたお知らせを自動的にトップページの「図書館の最新ニュース」から削除してくれれば管理が楽になる。ニュースを追加する作業も，HTML タグを記述せずともわかりやすいユーザインタフェースを介して行うことができれば，必ずしも HTML やパソコンのソフトウェア操作に精通していない図書館員でも新たなニュースを追加することができ，Web サイトの運営をスムーズに行うことができる。さらに，3-8図では各 Web ページのデザインやレイアウトが統一されており，利用者にとってわかりやすく操作しやすい Web サイトとなっている。

これらの機能は「CMS」とよばれる種類のソフトウェアによって実現されており，このような Web サイトの多くが CMS によって構築されている。CMS とは，直訳すれば「（Web サイトの）内容管理システム」である。

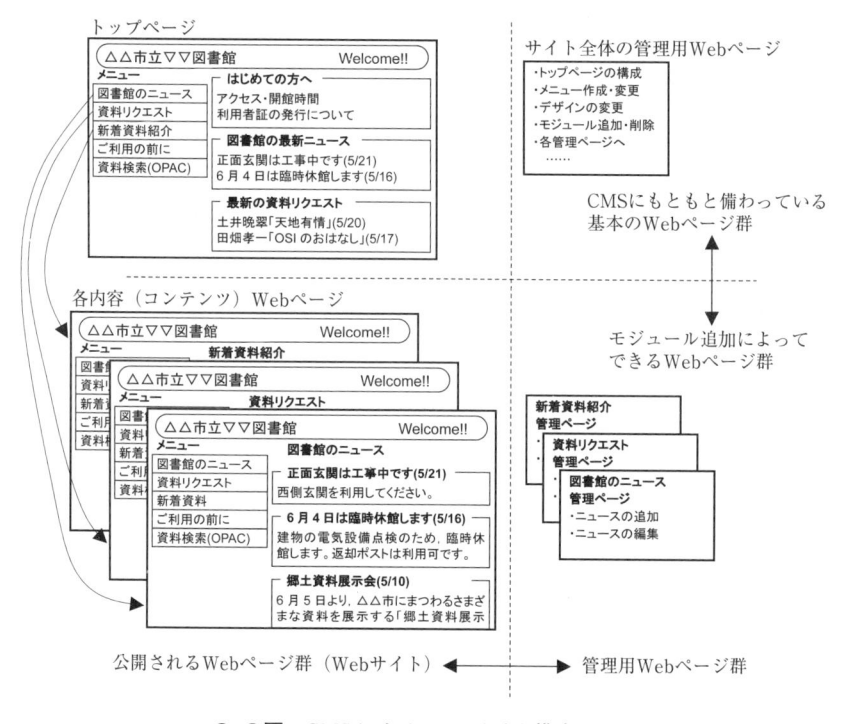

3-8図 CMSによるWebサイト構成の一例

　CMSは，Webサイトの内容に応じて必要な機能（モジュールと呼ばれる）を加除して使用する。以下のようなタイプのモジュールが準備されている。

①前述の「ニュース」のように，Webサイト運営者から閲覧者への一方向の情報提供を行うためのモジュール。

②写真を公開するためのモジュール。

③閲覧者が意見を書き込み，それを順々に表示することによって，意見交換や議論を行うためのモジュール（「会議室モジュール」などと称される）。

④スケジュールの登録機能を提供し，登録されたスケジュールを含めたカレンダーを表示する機能を持つモジュール。

　上記はあくまでも一例で，この他にもさまざまなモジュールがある。必要なモジュールを追加すると，そのモジュールのWebページが作成され，トップページからそのWebページへのリンクが設けられる。さらに，3-8図の右

側に示すように，モジュールおよびCMS全体を管理したりモジュールに情報を追加したりするためのWebページがあり，すべての管理作業はこれを通して行う。つまり管理作業はWebブラウザで行うことができ，管理のための特別なソフトウェアは必要としない。

広く使われているCMSとして，Drupal，XOOPS，WordPress，NetCommonsなどが挙げられる。これらはいずれも有志や研究機関により開発され，無償で提供されている。

c．Wiki

Wikiは，HTMLやCSSよりも簡便な記号によりWebサイトを構成する文書を作成し管理することのできるソフトウェアである。記号の例を以下に示す。

①番号付きの箇条書きは各項目の先頭に#を付する。これは<li>タグに相当する。<ol>タグに相当するものは必要ない。

②リンクを儲けたい文字列を［［と］］で囲む。例えば「［［図書館の運営］］」とすれば，「図書館の運営」と題された文書（同じWikiで作成されたもの）へのリンクとなる。

③文字を斜体にしたい場合は，対象文字列の前後に"（クォーテーションマーク二つ）を付す。

また，Wikiには，複数文書の一覧が自動的に作成される，文書の作成・変更・閲覧はすべてWebブラウザによって行い特別なソフトウェアを必要としない，ネットワークを通して遠隔からの変更ができる，誰でも文書の追加や変更ができる運用形態を基本とする，等の特徴があり，複数の人によるWebサイトの協同作成に向いているといわれる。WikipediaはWikiを用いて世界規模の協同作業により作り上げられた事典である。

Wikiのソフトウェアは多数開発されており，主たるものとしてPukiWiki，MediaWikiなどが挙げられる。

4．Webページのアクセシビリティ

さまざまな分野でバリアフリーやユニバーサルデザインということばを耳にする。視覚や聴覚などの障がいの有無に関わらず，すべての人がさまざまなも

のを同じように使えるように配慮するという意味で使われている。Webページをパソコンで閲覧するにあたっては視覚と聴覚および手による操作が必要である。視覚や聴覚が衰えた人でも，また，手を思うように動かせない人でもWebページからの情報の取得を問題なく行えるようにWebページ作成時に工夫をするという動きが見られる。これを「Webページのアクセシビリティの向上」もしくは「Webページのアクセシビリティの確保」と表現する。

Webページのアクセシビリティを上げるために行われている具体的な工夫を以下に示す。

① Webページ内の文字の大きさを閲覧者が変更できるようにする[9]。3-9図に，文字の大きさを変更するためのボタンの例を示す。

② Webページ内の文字を音声で読み上げるしくみを配し，ボタンを押すなどの操作により音声読み上げを開始する[10]。

③ 文字と背景の色や明るさに差を付けて，文字が目立つようにする。あるいは，一般的な表示と「目立つ表示」を閲覧者が切り替えられるようにする。3-9図のWebページには，前述の文字の大きさ変更に加え，背景色を変更するボタンも配してある。

④ Webページに音声を含む場合は，その音声を説明する文章（人の話であればその内容を，音楽であればタイトルを，等々）をWebページに表示する。

⑤ マウスによる操作が行いやすいよう，ボタンや文字などのリンクを大きめにする。

また，Webページ閲覧時にはキーボードやマウスを手で操作するが，手を思うように動かせない人が閲覧に困らないようWebブラウザやパソコンのウィンドウシステムにアクセシビリティ向上のための工夫がなされている。例えば，マウスを使わなくてもキーボードのみで操作を行えるようにしたり（マウスは手全体を使うのに対し，キーボードは指で押すだけで操作できる），画面

9：多くのWebブラウザも文字の大きさを変更する機能を備えている。
10：このような機能を持つパソコン用ソフトウェアもある。これをインストールすれば，Webページが音声読み上げ機能を含んでいなくても音声読み上げを行うことができる。

4．Webページのアクセシビリティ | 79

3-9図 文字サイズと背景色を変更できるWebページの一例（一部）[11]

表示の一部分やウィンドウ内の表示を拡大したりする機能が挙げられる。

このようにさまざまな工夫が行われているが，統一した技術はなく，Webサイト開設者の努力に任されているというのが現状である。一方で，WWWの維持に関する世界的組織であるWorld Wide Webコンソーシアムや各国政府は，Webページのアクセシビリティ向上のためのガイドラインや標準規格を制定している[12]。

公共機関であり情報提供機関である図書館は，どのような特性を持つ利用者であってもできるだけ障害なく情報を取得できるよう，アクセシビリティ向上には注意をはらう必要がある[13]。また，視覚的なわかりやすさや視覚効果を上げる目的で，閲覧中に表示方法を変更するWebページをJavaScriptやFlashを用いて作成する際には，アクセシビリティとのバランスをよく考慮する必要

11：" 北海道立図書館トップページ"．http://www.library.pref.hokkaido.jp/index.html，（参照2014-01-21）．
12：World Wide Web Consortiumは「Web Content Accessibility Guidelines（WCAG）」を発表している。日本においては日本工業規格にて「JIS X 8341-3 高齢者・障害者等配慮設計指針-情報通信における機器，ソフトウェア及びサービス」が定められ，その中でウェブコンテンツの作成について言及されている。
13：電子文書へのアクセシビリティを向上させる取り組みとして「DAISY」がある。これは，視覚障害者のためのデジタル録音図書を作るソフトウェアと，それを読む（聞く）ための機器やソフトウェアの総称である。機器やソフトウェアはDAISYコンソーシアムという団体が定める「DAISY規格」に基づいて作られる。詳しい情報は「DAISY研究センター」のWebサイト（http://www.dinf.ne.jp/doc/daisy/）にて得られる。

がある。

5．XML：構造化文書の記述

WWWにおいてはHTML文書だけではなくさまざまなデータのやりとりを行うことができる[14]。一企業内などの限られた範囲内でデータのやりとりを行うのであればデータの形式はその企業独自のものでよいが，広い範囲の，多くの人々の間でデータをやりとりするのであれば[15]，そのデータ形式はコンピュータで扱いやすく，かつ人間にも読みやすいことが望ましい。また，データの記述方法に汎用性があれば多くの分野に適用でき，そして分野間での相互のデータ流通も行えるようになる。

これらの性質を備えた言語がXML（Extensible Markup Language）である。XMLはWWW上でのデータ表現と交換のために定義された「タグによるマークアップ言語」である。XMLはタグの定義のしかたを決めており，それに従って利用者が任意のタグセット（文書作成に必要なタグの集まり）を自ら定義して利用することができる。例えば，数式や化学式，音符などの表現のためのタグセットを定義できる。書誌データなど，図書館でよく用いられるメタデータ[16]のためのタグセットもある。現在使われているHTMLは，XMLに基づいてWebブラウザで表示することを主目的とする文書の形式を整えたり，入出力の方法を決めたりするタグセットのことであるといってもかまわない。XMLの約束に従ってタグセットを決め，それらを用いて記述したタグ付きの文書を総称してXML文書と呼ぶ。

（1）XMLの具体例

XMLでは目的に応じたタグを定義して文書を作成できる。タグにより要素

14：Webブラウザが HTML 文書以外のデータを受け取った場合は，手もとのコンピュータにファイルとして保存（ダウンロード）するか，Webブラウザへの追加ソフトウェアによってWebブラウザ内に表示する。
15：例えば，複数図書館の間における書誌コントロールや，学会への論文投稿などが挙げられる。
16：メタデータについては本書6章で詳説する。

```
<作品 管理番号="1251">
   <タイトル>モナ・リザ</タイトル>
   <作者>
      <氏名>レオナルド・ダ・ヴィンチ</氏名>
      <国籍>イタリア</国籍>
      <生年>1452</生年>
      <没年>1519</没年>
   </作者>
   <制作年>1503-1506</制作年>
   <種類>絵画</種類>
   <種類詳細>油彩，77cm×53cm</種類詳細>
</作品>
```

3-10図　美術館所蔵作品目録を XML によって記述した例

が表現され，要素の入れ子構造により文書の構造を表す点は HTML と同様である。

3-10図は，美術館の所蔵作品の目録を XML によって記述した例である。ここには<作品>タグ，<タイトル>タグなどが使われている。これらタグにより，タグで囲まれた各部分（要素内容）がどのような意味を持っているかがわかる。

この文書は<作品>タグで始まり，</作品>タグで終了している。つまり，データ全体が「作品」要素である。「作品」要素の中に「タイトル」「作者」「制作年」「種類」「種類詳細」の各要素が順に現れ，「作者」要素には「氏名」などの要素が現れる。HTML と同様，入れ子構造になっていることがわかる。

（2）文書型宣言：DTD

3-10図で示したような美術館所蔵作品目録において，ある作品の目録は<タイトル></タイトル>タグを使って記述してあるが，他のある作品の目録は<題名></題名>タグを使っている，などといった不統一な点があるとコンピュータによって統一的な扱いをすることができない。また，「生年」要素と「没年」要素の順番が作品によって入れ替わっていると人間にとって読みにくくな

ってしまう。このような問題は，出現可能な要素やその順番，要素の入れ子関係をあらかじめ定義することで解決できる。いわば XML 文書の「型紙」を作成し，それに従って XML 文書を作成するということである。

この定義を記述したものを DTD（Document Type Definition，文書型宣言）という。この定義により，同じ種類の XML 文書を同じ「文書の型」で作ることができる。例えば美術品目録を作る際には「美術品目録用の DTD」を一つ定義し，それに基づいて 3-10 図のような各美術品の目録を作成する。同じ型の文書はコンピュータで扱いやすく，人間にとっても読みやすい。

DTD を作成する際には「DTD を作成するための言語」によって記述する。3-10 図に示した例のための DTD を 3-11 図に示す[17]。

1 行目は，「作品目録」という文書の型を定義している。2 行目は，作品目録が，0 個以上の「作品」要素，すなわち個々の美術作品の目録が並んだものであることを決めている。3 行目は，「作品」要素の中に，括弧内に示された要素が順々に出現することを意味する。それぞれの要素の定義は 5〜6 行目と 11〜14 行目にある。5 行目は，「タイトル」要素の内容はテキストデータである（#PCDATA），ということを意味する。4 行目は，「作品番号」要素には「管理番号」属性があることを示し（属性については 3-3 図を参照），それは

```
 1  <!DOCTYPE 作品目録 [
 2  <!ELEMENT 作品目録    (作品*) >
 3  <!ELEMENT 作品        (タイトル, 作者+, 制作年, 種類, 種類詳細?, 備考*) >
 4  <!ATTLIST 作品  管理番号 CDATA #REQUIRED >
 5  <!ELEMENT タイトル    (#PCDATA) >
 6  <!ELEMENT 作者        (氏名, 国籍, 生年, 没年?) >
 7  <!ELEMENT 氏名        (#PCDATA) >
 8  <!ELEMENT 国籍        (#PCDATA) >
 9  <!ELEMENT 生年        (#PCDATA) >
10  <!ELEMENT 没年        (#PCDATA) >
11  <!ELEMENT 制作年      (#PCDATA) >
12  <!ELEMENT 種類        (#PCDATA) >
13  <!ELEMENT 種類詳細    (#PCDATA) >
14  <!ELEMENT 備考        (#PCDATA) >
15  ]>
```

3-11 図　美術館作品目録の DTD
左端の数字は説明のための行番号

17：DTD の不十分な点を補い，XML と同様な文法で，より柔軟な文書型宣言を記述できる XML Schema や RELAX NG も使われている。

文字データであり（CDATA），必ず出現しなくてはならない（#REQUIRED）ことを意味する。そして，これら要素を示すためのタグの集まりが「美術館所蔵作品目録のタグセット」である。

3-3表 要素出現回数を示す記号

記号	意味
*	0回以上出現する
+	1回以上出現する
?	0回または1回出現する
記号なし	1回出現する

要素名の末尾の記号の意味を3-3表に示す。作者は1名の場合も，2名以上の合作の場合もあるので「+」により1名以上記述できるようにしている。作者が存命の場合は没年はないので「?」を付してある。「備考」要素は0個以上であり，3-10図のXML文書には実際には出現していない。

なお，3-10図では<作品目録></作品目録>タグを省略している。

（3）スタイルシート

XML文書を表示したり印刷したりする際のデザインやレイアウトを整えるためには，HTML文書と同様，CSSスタイルシートを利用することができる。また，XSL（Extensible Stylesheet Language）という「XMLのためのスタイルシート言語」を使用すれば，必要な要素のみを取り出して，そのレイアウトやデザインを整えることができ，CSSよりも柔軟かつ強力なスタイルシート言語であるといえる。一つの文書に対して目的別に複数のXSLスタイルシートを作成すれば，さまざまな目的に文書を活用できる[18]。

18：ただし，レイアウトやデザインを整える部分はCSSによって行うことが多い。つまり，XSLの「必要要素を取り出す機能」とCSSを併用することが多い。

4章　電子文書と電子出版，電子書籍

　旧来，人々が情報や知識を記録し，蓄積・共有する際には紙に筆記あるいは印刷した文書や書籍類を用いることが主であった。情報技術の発達に伴い，それら文書や書籍も電子化されたデジタルデータとして取り扱われることが増えている。そのため，図書館でも紙媒体の資料だけでなく，そのようなデジタルデータで表現された文書や書籍，すなわち電子文書や電子書籍を取り扱うことになる。しかも，それらを長期に渡って提供していくことも考慮しなければならない。本章では，これら電子文書や電子書籍，そしてそれに関わる電子出版の技術的な事項について解説する。なお，電子文書と電子書籍は基本的な技術としてはそれほど差異はないので，以降では基本的には電子文書として解説し，流通や著作権管理技術など電子書籍固有の話題についてのみ電子書籍と呼ぶ。また，電子出版は本来流通制度なども含む話題であるが，ここではそこに関わる技術面についてのみ取り上げる。

1. 電子文書とそのフォーマット

(1) 電子文書とは

　文書はさまざまな意思や情報を文字や記号で書き表したものであり，必要に応じて図表を含む場合もある。電子文書とはそれらの文字や記号，図表がデジタルデータで表されたものである。紙に一度印刷された文書をイメージスキャナ等でデジタル画像として取り込み，電子文書としたものもある。その場合も含め，個々の文字や記号，図表のデジタル化は，2章で解説した文字や画像のデジタル化を基礎としてなされている。この点では，ワープロを用いて作成した文書をファイルに保存したもの（以下，文書ファイル）も電子文書の一種とみなすこともあり得る。しかしながら，従来のワープロの文書ファイルの場合，

閲覧においても作成・編集環境としてのワープロソフトウェアが要求されることが一般的である。そのため，編集機能が有効な状態で閲覧することになり，閲覧中のちょっとした操作で内容が改変されてしまう可能性がある。また，編集の利便性のために閲覧には本来不要なさまざまな機能要素が画面に表示される。例えば強制改行を示す記号はその代表例である。それらの表示は，利用者が読むための文字や記号ではないため，閲読に際しては煩わしいものとなってしまうこともある。

　このように文書ファイルは，本来は紙に印刷するための編集原稿という位置付けであると考えられる。それでは電子文書にはどのような性質が必要なのであろうか。文書は冒頭にも書いたように本来意思や情報を人から人に，場合によっては時を越えて伝えるためのものである。したがって，文書は複数の人の間で共有し，閲覧できることが重要である。例えばワープロの文書ファイルでも広範に普及したソフトウェアであれば，事実上の電子文書扱いをされることもあるが，仮にそのソフトウェアが供給されなくなったり，新しいパソコンやオペレーティングシステムでは使用できなくなった場合，その文書ファイルの閲覧ができなくなる可能性もある。これは，各ワープロが書式等を保存するために独自の文書ファイル形式を用いており，その形式に関する情報を公開していないために生じる問題である。そのため，旧来はワープロの文書ファイルは電子文書としては不安定ではないかと考えられてきた。一方で，そのワープロさえあれば，作成・編集・閲覧が可能であるため，組織内での文書流通の観点では文書ファイルは手軽に使えるものである。そこで，独自形式による問題を避けるために，各種のデータ交換に使用されている XML に基づき，その仕様の詳細を公開した文書ファイル形式を採用するようになっている。

　このほかに Web ページとして作成される HTML テキストも電子文書の一種と考えられる。またさまざまな電子文書を印刷時のイメージで閲覧を可能にしたものとして PDF 文書もある。

（2）電子文書の作成過程による分類

　電子文書はその作成過程によって次の2種類に分けることができる。
　①デジタル化された文書。紙等に筆記・印刷された文書をスキャナ等で読み

込んでデジタル化したもの。

②デジタル生成された文書。文書作成時点からデジタル化された電子文書であるもの。

情報技術発達以前の文書は紙に筆記したり印刷することによって作成されたため，それをデジタル化したものは必ずデジタル化された電子文書ということになる。デジタル化された文書では，文書に記載された文字の扱いで次の3通りの方式がとられる。

①文字も含めてすべて各ページ毎の画像とする。

②文字自動認識技術を用いて文字コードに変換する。

③①と②を併用し，表示や印刷には画像を用いて，文字コードによる検索も可能にする。

このうち，②や③では文字自動認識の際に異なる文字に誤認識する可能性がある点に注意が必要である。例えば，漢字の「口」（くち）と片仮名の「ロ」（ろ）のように形状が似通った文字は人間でもその文字だけを見て区別することが難しい。このような文字については前後の文字の並びなども利用して認識精度向上の工夫がされてはいるが，誤認識を完全に防ぐことはできていない。そのため，検索や分析のために正確さが必要な場合には，人手でチェックして訂正するなどの対応が必要となる。

一方，現在では新たに文書を作成する際に，多くの場合ワープロが用いられる。ワープロで作成した文書はデジタルデータとしてコンピュータ内の文書ファイルに保存される。そのため，現在作成される文書はそのままでデジタル生成された電子文書になると考えられるが，文書としては作成者以外の人が読めることが必要である。そのためには次項で述べるような標準的なフォーマットに沿っている必要がある。そのため，ワープロソフトウェアの固有の文書ファイル形式から保存・共有に適したフォーマットに変換することが求められる。変換が難しい場合には一旦紙に印刷してからデジタル化して電子文書として扱われることもある。技術的に困難な場合だけでなく，文書流通の過程で電子文書を取り扱うことが想定されてないような制度的あるいは人的な要因でデジタル化された文書となることもある。

デジタル生成された文書の場合，その文書には紙の文書と同様に文字と図表

を含むが，それに加えて音声や動画などのマルチメディア情報を含めることもできる。その場合，特に音声や動画のように再生に時間が必要で同時に再生すると混乱する可能性があるものは，文書の閲覧時にどのように再生するかを編集・作成時に指示することが可能なものもある。そのような閲覧時の操作機能を柔軟に定義することを可能にするために，文書中に一種のプログラムを組み込んで，閲覧時にそのプログラムを実行することが可能な場合もある。しかしながら，そのような動的な機能は技術的な陳腐化も早く，閲覧時の互換性を維持することが課題となる。

（3）レイアウトが固定かリフロー可能か

電子文書の性質について分類する観点として，表示の際にリフロー可能（Re-flowable）か否かというものがある。リフローとは文書内容を表示する際にその表示に用いるディスプレイやウィンドウの大きさに合わせて，文章の改行位置などのレイアウトを調整することである。例えば，Webページは閲覧する際のブラウザ画面の大きさに合わせてレイアウトが調節されるので，リフローされているといえる。一方，リフロー可能ではない場合は固定レイアウトあるいはページレイアウト方式などと呼ばれる。ワープロで作成した文書の大半は印刷する用紙の大きさを定め，それに合わせて編集時にレイアウトを決めているので，固定レイアウトと呼ぶことができる。固定レイアウトの場合は，まずそれを表示あるいは印刷する際のページの大きさが決まっており，その中で文字や図表が決まった位置に表示・印刷される。そのページは，印刷を前提とする場合は用紙の大きさで決まり，画面への表示の場合の多くは縦横の画素（Pixel，ピクセル）数で決まる。固定レイアウトでは，あらかじめページの大きさを編集・作成段階で定め，その大きさの際に最も見やすくなるようにページ中での文字，記号，図表の位置を固定している。そのため，その想定された大きさと異なる大きさの画面や紙面になると，それに合わせて全体を縮小・拡大したり，それが困難な場合には一部分だけを表示することになる。特に小さい画面に表示する際は縮小率が高くなると文字が小さくなり読めなくなるので，一部分だけを表示する方式を取らざるを得なくなる。一部しか見えないと四方向にスクロールして表示位置をずらさないと全体が見えない。その場合，文書

に書かれた文章を読もうとすると，頻繁に表示位置をずらす操作をする必要があり，操作が繁雑になる。

　一方，リフロー可能な場合には画面の大きさに合わせて，文字や記号，図表の表示位置を変え，その大きさに対して適切なレイアウトにして表示する。電子文書の表示環境はデスクトップパソコン等のＡ４サイズを上回るような大きさから，携帯電話のような数インチの小さなディスプレイまで千差万別なので，読みやすく表示するには一般的にはリフロー可能である方が良いとされる。またリフロー可能な場合，単にディスプレイの大きさに合わせるだけではなく，利用者の好みや視力等の事情に合わせて，文字の大きさや行間隔などの設定を変更することも可能となるという利点もある。しかしながら，その一方で，著者や編集者が事前にレイアウトを想定できないため，レイアウトが変わっても内容の理解に差し支えが出ないように文章表現やその他の工夫が必要となる。例えば，文章中での図表の参照の際の「下の図」や「右図」のような表現は，文章と図の位置関係が定まっている際に用いられるが，これらはリフロー可能な場合には問題が生じる可能性がある。学術論文のように図表に番号とキャプションをつけ，文中からは「図１」のようにその番号等で指示する方式であれば，位置関係が変わっても参照に混乱が生じないので，リフロー可能な場合には同様の方式を用いることになる。このようにリフロー可能な場合の注意点は内容の工夫によって回避可能な場合もあるが，レイアウトに意味や意図が持たせられるような用途の場合にはそもそも向いていないとされる。例えば，一般向けの雑誌などでは写真と文の配置で読者に印象づけるような工夫がされているが，そのような工夫を反映させるのが難しい。また，詩のように文章の改行位置にも表現意図が含まれているような場合に，リフローによって改行位置が変わってしまうこと自体が問題とされることがある。

（4）さまざまな電子文書フォーマット

　前述のように電子文書のフォーマットにはリフロー可能なものとそうではない固定レイアウトのものがある。個々のフォーマットについてはハードウェアやソフトウェアの市場におけるシェアによる浮沈が激しく，機能的に優れていても数年の内に全く使われなくなり，閲覧が困難になる場合も考えられる。こ

こでは何らかの標準規格として公開されるなどにより，そのような閲覧困難な事態が生じにくく，またWebページやワープロ等の用途毎に比較的広く使われているものを事例として紹介する。

1 HTML　Webページの標準的な記述言語であり，タグによってタイトルや見出しなどの構造を記述する。また，近年はXHTMLと呼ばれる後述のXML規格に準拠するように規格を調整したHTMLも用いられている。なお，HTMLの詳細については3章で詳しく説明している。

2 XML　HTMLと同様にタグを用いるが，文書の構造を自由に定義することができる文書記述言語である。さまざまな電子文書形式の基本規格として採用されている。なお，XMLの詳細については3章で詳しく説明している。

3 DOC/DOCX　マイクロソフト社のワープロソフトウェアであるWord (MS-Word) の文書ファイル形式である。文書ファイルでありながら，そのシェアの大きさゆえに他のワープロなどでもインポートやエクスポートが可能であることが多い。そのため，電子文書として受け渡されたり，配布されたりすることも多くなっている。2003版まではDOC形式であったが，2007版からはXMLに基づいてその形式が公開されているDOCX形式が標準となっている。DOCX形式は国際標準ISO/IEC 29500として公開されているので，電子文書として継続的な利用を考えるならばDOC形式ではなく，DOCX形式の方が良いと考えられる。

4 PDF（Portable Document Format）　アドビシステムズ社が開発した文書形式であり，同社よりその仕様が公開されているほか，国際標準ISO 32000にもなっている。そのため，その作成・編集用ソフトウェアや閲覧用ソフトウェアはアドビシステムズ社の他にもさまざまな会社等から供給されているほか，フリーソフトウェアも存在する。ただし，PDFにはいくつものバージョンがあり，新しいバージョンで導入された機能や規格の一部に対応していないこともある。PDFはプリンタでの印刷等に用いるページ記述言語（Page Description Language：PDL）技術に基づいて開発されており，紙に印刷する場合と同等の品質とレイアウト再現力があることが特徴であるため，基本的には固定レイアウトの文書形式であると見なされている[1]。

5 EPUB　International Digital Publishing Forum（IDPF）が標準化を進

めている WWW 標準に基づいた電子文書や電子書籍のためのフォーマットが EPUB である。2013(平成25)年の段階では日本語の縦書きやルビに対応した第3版が最新となっている。WWW 標準に基づいているため，基本となる文書形式としては XHTML に準拠しており，その表示に使用する文字フォントやスタイルシート，埋め込む画像等を一つのパッケージにしたものとなっている。またその仕様は国際標準にはなってないが公開されている。基本的な技術はWeb ページに用いられているものを用いるが，閲覧に必要なデータが一つのパッケージになっているので，インターネットにつながっていない端末などでも閲覧が可能である。XHTML で記述された Web ページと同様にリフロー可能であるため，さまざまな大きさのディスプレイで読まれることが想定される電子書籍等の用途に適していると考えられている。

　ここにあげた以外にも実社会ではさまざまなフォーマットが用いられるが，将来に渡ってそれが利用可能であるためには，その閲覧環境が持続的に供給されるかどうか，もしくは他の新たなフォーマットへの変換が可能かどうかに注意が必要である。それには，そのフォーマットの技術仕様が公開されているかどうかが鍵となる。ここまでであげたフォーマットは DOC 形式を除けば，一応すべて何らかの国際標準，あるいは標準化団体により標準仕様の公開がなされている。なお，ワープロ等の文書ファイル形式としての国際標準には DOCX が準拠している Office Open XML File Formats（ISO/IEC 29500）の他に Open Document Format for Office Applications（ISO/IEC 26300）もあり，これを採用しているワープロソフトウェアも存在する。

　デジタル化された文書ではページ毎に画像データを保持することが多い。したがって，画像データ形式を用いることも考えられるが，多くの画像データ形式は 1 ファイルにつき 1 枚の画像を保持することが前提となっていることもあって，複数ページの文書を一まとめにするために前述の PDF 形式を用いるこ

1：しかしながら，PDF は表示の際に画面の大きさに合わせて文字列を折り返して表示させることも規格上は可能であり，その点ではリフロー可能であるともいえる。ただし，この折り返し機能の認知度が低いことに加え，折り返した時に読みやすいかどうかは文書作成時に適切にタグ付けされているか等の文書作成方法に強く依存するため，実際の PDF 文書では折り返すとかえって読みづらくなることもある。

とが多い。複数枚の画像を一まとめにできる画像データ形式も存在するが，PDF 形式であれば文字自動認識技術によって抽出した文字コード情報を同時に含めることができるという利点もある。その一方で，画像データ形式として比較的ポピュラーな JPEG 形式と呼ばれるものもさまざまなソフトウェアでサポートされているため，よく用いられている。

2．電子出版と電子書籍

　電子文書の発達に伴い，その電子文書を販売あるいは頒布する電子出版も行われるようになっている。学術雑誌においては電子ジャーナルと呼ばれ，検索やアクセスのしやすさから普及している。また一般書としては電子書籍と呼ばれ，携帯電話やパソコンなどの他に電子書籍を読むための専用の端末（電子書籍端末）等も準備され，徐々に普及しつつあると考えられている。前節では電子文書そのものについて解説したが，本節では出版という形態をとる上で関わる技術について取り上げる。

（1）電子文書の流通とその媒体

　電子出版では電子文書を流通させる媒体によって概ね二つに分類できる。それはパッケージ系とネットワーク系である。

❶パッケージ系　　電子文書を CD-ROM やメモリカードのようなリムーバブルな記録媒体に保存し，その媒体単位で流通させるもの。その電子文書の利用に必要なデータは原則としてその媒体にすべて保存されており，その利用に際してネットワークとの接続がなくても良い。

❷ネットワーク系　　電子文書を閲覧する際にネットワークを通じて文書を取り寄せるもの。そのため，その利用には端末をネットワークに接続することが必須である。ネットワークにつながっていることが前提であり，電子文書の表示に必要な文字フォントなどは適宜ネットワークを通じてダウンロードするため，あらかじめ必要なデータをすべてまとめておく必要はない。ネットワーク系にはデータをネットワークを通じて一旦ダウンロードしてしまえば，閲覧時には特にネットワークにつながってなくても閲覧可能なものと，ネットワーク

につながっていないと閲覧できないものがある。後者においてはネットワークにつながっているという前提で，閲覧ソフトの操作に応じて必要な箇所のデータのみをその場で伝送する方式もある。

電子辞書や文献データベースなど当初は CD-ROM 等を用いたパッケージ系のものとして提供されていることも多かったが，インターネットの普及と広帯域化に伴い，現在ではネットワーク系が主流になりつつある。パッケージ系の場合 CD-ROM などの物を介するため，その生産と流通において在庫を抱え，最新版提供の遅れ等が避けられない側面があったが，ネットワーク系であればそういった在庫や遅延という問題は避けられるという利点がある。

学術雑誌等の電子ジャーナルもネットワーク系に含まれる。ネットワーク系の場合，完全なオープンアクセスなものとするのでなければ，アクセスを制限する必要がある。個人単位の場合はユーザ ID とパスワードによるユーザ認証を行う方式が主に用いられ，組織単位の場合はその組織が LAN で使用している IP アドレスを制限の手がかりに用いることが多い。ただ，IP アドレスによるアクセス制限方式ではその組織の正式な構成員であっても，自宅や出張先等の組織内 LAN 以外からのアクセスができなくなるので，ユーザ認証方式との併用がされることもある。その際のユーザ認証については各組織内のユーザ認証システムとの連携を行う場合もある。

（2）複製制限と権利管理のための技術

電子文書はデジタルデータであるので，品質が劣化することなく容易に複製することができる。このことは，例えば多くの人に読んでもらうために自由な複製を許可して頒布したいような場合には利点になる。一方，電子ジャーナルや電子書籍などの有償の商品として提供する場合には，その複製がネットワークなどを通じて流出し，対価を支払った契約者以外の人によって読まれると収入が減少すると考えられ，そういう意図しない複製を防ぎたいという要求がある。そういった，複製に制限を加えるための技術はデジタル著作権管理（Digital Rights Management：DRM）と呼ばれる。

このように DRM により技術的に閲覧や複製の制限を加えるのとは別に，その利用に関する権利について簡潔に明記しておき，それに従った利用を促すこ

ともなされている。例えば Creative Commons はそのような権利や利用の際の条件について標準的なパターンを定めておき，どのパターンかを標準化したマークを明記することで表して，権利や条件に沿った文書の利活用を促そうとするものである。

　DRM が適用されていると，パッケージ系については，それが元々記録されていた媒体から別の媒体に複製した場合に，その複製を閲覧することができなくなるようになっている。またネットワーク系の場合には，それをダウンロードした端末では閲覧できるが，そのダウンロードしたデータを他の端末に複製すると閲覧できなくなる。なお，製品によっては複製したものが完全に閲覧できなくなるのではなく，複製回数や複製可能な端末の範囲等に制限が加えられる場合もある。DRM の技術的詳細については秘匿されていることが一般的であるが，暗号化技術を用いて概ね次のような手法が取られることが多い。パッケージ系の場合はその記録媒体に，ネットワーク系の場合はその閲覧用の端末内に媒体や端末の識別用鍵データを組み込んでおく。その識別用鍵データと暗号化鍵データを組み合わせて電子文書データを暗号化したものを媒体もしくは端末内の記憶装置に記録する。ネットワーク系の場合はネットワークを通じて届けられるデータの暗号化には識別用鍵データは用いられず，端末内に保存する際に識別用鍵データを用いて暗号化する。閲覧用ソフトウェアにはその暗号の復号化鍵が組み込まれており，記録媒体や端末に組み込まれた識別用鍵データと組み合わせて復号化して表示等を行う。なお，記録媒体の場合は通常の手段でデータを記録する領域とは別の所に識別用鍵データは書き込まれているため，データのコピーの際には識別用鍵データまでコピーすることはできないようになっている。端末に組み込まれる場合も他のソフトウェア等からのアクセスを困難にするためにそれ自身暗号化して記録されているため，複製が困難となっている。

　このようにして DRM ではコピーされたデータの利用に制限をかけているため，その閲覧用ソフトウェア等にはそのための復号化鍵が組み込まれている。この鍵などが漏洩(ろうえい)すると DRM が無効化されてしまうため，通常はその鍵等の情報は守秘義務を課した契約企業にのみ提供され，閲覧用ソフトウェアについては漏洩を防ぐために難読化や暗号化されることが義務づけられている。この

ことは，それらの個別の閲覧用ソフトウェアがないと閲覧できなくなることを意味している。

著作権保護の観点では，改変や盗作の防止も必要である。改変については，それを検知するためにデジタル署名の技術が用いられる。デジタル署名では公開鍵暗号技術を利用する。公開鍵暗号では平文を暗号文に暗号化する鍵（暗号化鍵）とその暗号文を平文に復号化する鍵（復号化鍵）が別々のものとなっており，一方の鍵を公開してももう一方の鍵を秘匿し続けられるという性質がある。デジタル署名では復号化鍵を公開し，暗号化鍵を秘密にしておき，署名したいデータそのものかその指紋に相当するハッシュ値を暗号化したものが署名データとなる。その元のデータを使用する際に，署名データを公開されている復号化鍵で復号化し，元のデータもしくはそのハッシュ値と比較して一致しなければ，そのデータは途中で何らかの改変がされていることがわかるというしくみである。盗作については電子透かしの技術が有効とされる。電子透かしはデータの中に，そのデータの利用においてほぼ影響がでないようなデータ（透かしデータ）を紛れ込ませる。ごく簡単な例えをすると，画像データを例にとると，その色や明るさを24ビットで表現しているのであれば，1ビット程度の値の変化として埋め込むようなことが考えられる。そのような画像を目で見ても電子透かしが埋め込まれていることに気づきにくいが，ある処理をすることで，その電子透かしを抽出することを可能とする。実際には画像の一部分だけを切り取った場合や圧縮による劣化などが生じてもある程度抽出できるようにするためのさまざまな工夫が適用されている。また電子透かしは不正にコピーされたデータが流出した場合の検知やその追跡にも有効とされている。

（3）電子文書・電子書籍の閲覧・再生環境

ここまでに述べたように，電子文書や電子書籍にはさまざまなフォーマットがあり，その閲覧・再生環境としては汎用のパソコン等で稼動するソフトウェアで実現されているものと専用のハードウェア端末として提供されているものがある。電子書籍などではその両方を提供している事例もある。電子文書の場合は概ねそのフォーマットに対応したソフトウェアや端末を用いれば閲覧可能であるが，電子書籍の場合はフォーマットだけではなくDRMも影響する。

例えば，同じ EPUB 形式を用いた電子書籍でも，A 社と B 社では DRM 方式が異なるため，A 社用のソフトウェアや端末では B 社が提供する電子書籍の閲覧ができないということが生じることがある．一般にこの場合の A 社，B 社というのは出版社ではなく，その電子書籍の流通販売を担う業者となる．現在では同じ出版社の書籍が，電子書籍として複数の電子書籍業者から提供されることも多いが，そこで採用している電子書籍フォーマットに加えてこのようなDRM も異なるため，相互に閲覧可能とはならないのが一般的である．また，DRM の制限により，同一の電子書籍を閲覧できるパソコンや端末の台数に制限がかかるものもあり，閲覧に使用しなくなった端末で登録の削除作業を行わないとその端末がその台数に数え続けられるような例もある．

　DRM が適用されていない電子書籍や電子文書の場合はフォーマットに対応していても規格の解釈の違いで表示内容，特にレイアウトなどが異なる場合がある．PDF のような固定レイアウトのものではそういう問題は比較的少ないが，用いる閲覧ソフトウェアによって微妙に異なる場合もある．リフロー可能な EPUB などでは画面の大きさに合わせてレイアウトが調節されるが，その際に閲覧ソフトウェアや端末によって見栄えが異なることが多い．

5章　図書館システム

1．図書館システムの定義と歴史

(1) 図書館業務システム

　現代社会ではさまざまな企業・機関で業務の効率化をはかるために，コンピュータを利用した業務システムが開発され多くのビジネス現場で導入されている。図書館もこの例にもれず，図書館での各種業務を行う機能の効率化をめざして開発されたコンピュータシステムが多くの図書館で導入され，主として図書館資料の管理に関わる業務や，貸出・返却業務の負担軽減，Web などを通じた資料検索サービスの提供に大きな効果をあげている。このような図書館業務を効果的効率的に行うために導入されるコンピュータシステムを図書館システムと呼ぶ。

杉本重雄ほか		受入番号	2	0	1	1	2
図書館情報技術論 樹村房..2014							
利用者番号	氏名	貸出日	返却日				
A03462	原田隆史	2014.4.1	2014.4.2				
A04653	樹村太郎	2014.4.3					

この部分は手書きで記載することになる。そのため，利用者に負担をかけるほか，利用者番号が正しく判別できなかったり，氏名が不必要に公開されるなどの問題が生じる。

5-1図　貸出カードの記入例

例えば，図書館における図書の貸出や返却を例として考えてみよう。かつて図書館では図書の貸出や返却を，各図書につけられた貸出カードに利用者の名前を書き，貸し出している間中はこのカードを保管する形で管理したり（5-1図参照），利用者ごとに作成された袋状の貸出カードに図書につけられたカードを挟んで貸し出しを行うブラウン式の管理をするということが行われていた。しかし，これらの手法を用いた場合には貸出・返却に手間がかかるほか貸し出しの記録を作成することも困難である。また，貸出カードを用いる方式では資料を貸し出すたびに氏名などを書いてもらうための場所などが必要である上に，記載ミスや判読できない文字が記載されてしまうなどの問題も考えられた。さらに資料の返却後も長期間にわたって利用者の氏名などを誰でも知ることができるといった個人情報保護の観点からの問題もあった。

図書館資料および利用者に関する情報の管理をコンピュータシステムで行い，これを用いて貸出・返却業務も行うという手法が導入されることで，例えばバーコードの読み取りを行うだけで貸出・返却処理が行えるなど効率的な運用が可能となり，また記載ミスや利用者情報の流出といった問題も回避することが可能となったのである。

図書館システムのうち，このような図書館資料の管理および貸出・返却業務を行うシステムを特に図書館業務システムと呼ぶこともある。

（2）図書館システム導入の歴史

図書館業務にコンピュータを用いようとする試みは，目録作成をより容易にするための方策として1960年代から行われるようになった。例えば，目録カードを人間が各図書館でそれぞれ作成するのではなく，コンピュータが取り扱うことができる形（これを「機械可読形式」という）で目録を作成した「MARC（MAchine Readable Cataloging）」[1]を配布する試みが米国議会図書館（Library

---

1：MARCという語は，もともと「機械可読形式の目録を作成する作業」という意味で用いられていた。ただし，現在ではMARCという単語自体が「作成された機械可読目録そのもの」をも指し示すようになっている。本書では，MARCを「機械可読形式の目録そのもの」の意味で用い，機械可読形式の目録作成作業のことは「MARCの作成」と表記する。また，MARCの例などについては本章2節2項に示す。

of Congress：LC）で行われ，1969年にはLC MARCとして完成している。また，1967年には複数の図書館が共同で目録を作成しようとする書誌ユーティリティの草分けであるOCLC（Online Computer Library Center, Inc.：設立当初はOhio College Library Center）が設立され，共同目録作成が開始されている[2]。

　図書館での業務にコンピュータを用いる試みは，日本では1980年代から少しずつ活発になっていった。一般的な企業における事務作業に対するコンピュータの導入と同様に，コストの削減やサービスの迅速化，精度の向上などを目的として，目録カードの作成・管理や貸出・返却などの業務がコンピュータを用いる手法に置き換えられていったのである。このような図書館システムの導入によって，目録カードの転記や配列，貸出・返却時の記録の作成などが機械化され，余力をサービスの向上や新しいサービスの創出につなげることが行われるようになった。

　図書館システムが導入されはじめた初期の時代には，各図書館が独自のシステムを自主開発することも多かった。時には，図書館員自身がシステムの設計を行い，プログラミングを行うケースも見られた。しかし，図書館システムを導入する図書館が増加するにともなって，多くの図書館で共通に用いられるパッケージ・ソフトウェアが開発・販売されるようになっていった。現在ではほとんどの図書館が，商品化された図書館用業務パッケージ・ソフトウェアを利用している。以下，このような図書館用に開発された業務パッケージ・ソフトウェアを図書館パッケージと略す。このような図書館パッケージが開発されたことによって，独自開発を行うだけの資金や技術力がない中小規模の図書館でも図書館のシステム化が可能となったのである。

　図書館パッケージの機能は，当初は蔵書目録の管理や，貸出・返却の用途に限られていたが，1990年代には，急速に発展してきたネットワークに対応して新たな利用者志向のサービス展開を行うしくみが実装されるようになった。例えば，OPACと呼ばれるコンピュータ上での目録の公開はその代表的な例である。目録の管理，貸出や返却，さらにはさまざまな利用者サービス機能を提

2：MARCやOCLCについては本シリーズ第9巻『情報資源組織論』の6章も参照されたい。

供する図書館システムは今や図書館において不可欠な存在となっている。

2．図書館業務と図書館システム

　図書館で行われる業務はさまざまで，図書館の種類（公共図書館，大学図書館，学校図書館，専門図書館等）によっても多少の違いがあるが，基本的には図書館資料を受け入れ，これに関わる目録情報を検索可能にするとともに，登録された図書館利用者に対して図書館資料の現物を提供することが中心となる。

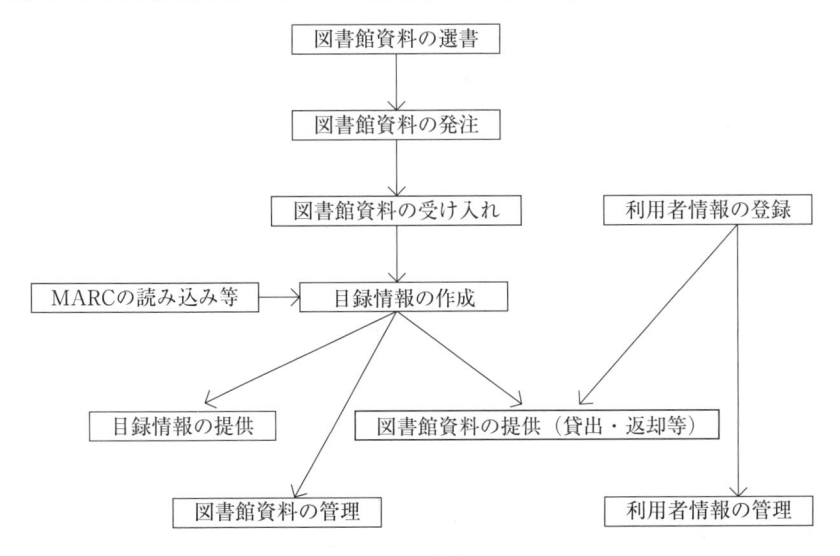

```
              ┌──────────────────┐
              │  図書館資料の選書  │
              └──────────────────┘
                        ↓
              ┌──────────────────┐
              │  図書館資料の発注  │
              └──────────────────┘
                        ↓
              ┌──────────────────┐      ┌──────────────────┐
              │ 図書館資料の受け入れ │      │  利用者情報の登録  │
              └──────────────────┘      └──────────────────┘
                        ↓                        ↓
┌──────────────────┐  ┌──────────────────┐
│ MARCの読み込み等 │→│   目録情報の作成   │
└──────────────────┘  └──────────────────┘
              ↙                ↓                ↓
┌──────────────┐  ┌──────────────────────────┐
│ 目録情報の提供 │  │ 図書館資料の提供（貸出・返却等）│
└──────────────┘  └──────────────────────────┘
          ↓                    ↓                ↓
┌──────────────────┐                  ┌──────────────────┐
│  図書館資料の管理  │                  │  利用者情報の管理  │
└──────────────────┘                  └──────────────────┘
```

5-2図　図書館業務の流れ

　このような各種の図書館業務を行う際には，業務に必要な各種の情報を記録したデータを適切に管理し利用することが必要となる。図書館で取り扱うデータにはさまざまなものがあるが，その中心となるのは図書館の利用者および図書館資料に関するものである。例えば，図書館資料については書誌事項と呼ばれるタイトル，著者名，出版者名，出版年などがあり，利用者については氏名，連絡先住所，連絡先電話番号，貸出条件区分などがある。従来は紙に記録する形で取り扱われてきたこれらのデータを，図書館システムではコンピュータファイルに記録し，全業務を通して矛盾なく取り扱うことが必要となるのである。

ここでは、まず各種の業務に関する図書館システムの機能を概観し、その後で図書館システムのしくみについて説明する。

(1) 図書館資料の選書・発注と受け入れ

図書館資料の発注に際して図書館システムでは、発注する資料の書誌情報（書誌事項）および発注に関わる情報を入力して発注書を作成する機能を有する。発注に関わる情報としては、発注先の書店、予算区分、図書館ごとに設定した資料種別（図書、雑誌、AV資料など）や、受け入れ区分などがあげられる。図書館システムによっては、予算管理なども同時に行う機能を備えたものも存在する。

また、近年では図書館資料を発注する書店などの受発注システムが構築されていることもある。このような場合には、図書館システムと書店の受発注システムを連動させて在庫状況や過去の納本データなどを確認しながら発注や納品管理などを行うことが可能となる。また、図書館システムに入力する書誌情報などを資料の受け入れと同時に購入して取り込むことも行われる。

図書館資料を受け入れる時には、その資料に対する図書館固有の資料IDを決定するとともに、資料と図書館システム内のデータとの対応関係がきちんと管理できるようにする必要がある。多くの場合では、資料IDを示すバーコードラベルなどを印字して資料本体に貼付し、貸出・返却などの際に資料IDを読み込むことができるようにしている。近年ではバーコードラベルだけではなく資料IDを記録したICタグなどが利用されることも多くなってきている[3]。

(2) 目録データの作成

図書館システムの導入は、従来から行われていた資料に関するデータ（書誌情報や所蔵情報等）の管理、すなわち目録の作成と維持に関する業務負担の軽減に極めて大きな効果をあげた。図書館が収集した資料に関する情報を整理し蓄積する整理業務が、従来よりも大幅に効率化されたのである。

一般に図書館システムを新しく図書館に導入する場合においては、その初期

3：バーコードラベルとICタグについては本章2章を参照されたい。

データの入力に関わるコスト（労力の点でも費用の点でも）が大きな問題となる。

　図書館システム内では，図書館資料についての書誌情報や所蔵情報・管理情報（配架場所や貸出の可否，受入区分など）が記録されている。このうち，所蔵情報・管理情報については図書館独自の項目であるため入力していくしかないが，書誌情報については図書館独自で入力することもあるものの，図書館外からデータを取り込むことが一般的に行われる。

　このような外部からのデータ取得のためのしくみとしては，日本では公共図書館と大学図書館で違うしくみを利用していることが多い。すなわち，日本における公共図書館の多くでは国立国会図書館や民間会社が提供する MARC レコードが利用されており，大学図書館においては国立情報学研究所が提供する目録所在情報サービス（NACSIS-CAT）から書誌データを取得して利用している例がほとんどである。

　MARC は，従来から作成されていたカード目録に記載されていた内容を，5-3図に示すような標準化された書式に整形して機械可読形式で提供するものである。世界各国において，各国の国立図書館などが，その国の出版物に関する書誌事項をそれぞれの国の要求に合わせて決められた MARC 形式で配布

```
020    $a4535783314
084    $a402.8
245    $a異星人伝説：$b20世紀を創ったハンガリー人／
       $cマルクス・ジョルジュ著；盛田常夫編訳.
245    $aイセイジンデンセツ：
       $bニジッセイキオツクッタハンガリージン．
260    $a東京：$b日本評論社，$c2001.12.
260    $aトウキョウ：$bニホンヒョウロンシャ．
300    $a320p；$c22cm.
500    $a2900円．
650 7  $a科学者 $x ハンガリー$2ndllsh.
650 7  $aカガクシャ$xハンガリー$2ndllsh.
650 7  $a科学教育$2ndllsh.
650 7  $aカガクキョウイク$2ndllsh.
700    $aMarx, George$4001.
700    $a盛田常夫，$d1947－$4001.
700    $aモリタ，ツネオ，$d1947－$4001.
```

5-3図　MARC の例（この例は MARC21形式）

することが行われている。

　日本では歴史的経緯から国立国会図書館の配布するJAPAN/MARCではなく，主として民間会社が作成するMARCが公共図書館で使われている。MARCは一般的なテキストファイルとして配布され，図書館が図書を購入する場合にCD-Rなどのメディアに記録して本と同時に納品されたり，ネットワークを通じて配信されるなどの方法で提供されることが多い。近年では，選書から発注までの図書館システム上での一連の作業の中で，MARCファイルをネットワーク経由で取り込むことが行われるようになってきている。例えば，図書を納入する企業が作成した販売用目録にバーコードが印刷されており，これを読み取って発注するだけでMARCファイルを取り込むことができるようなしくみを構築している企業なども存在している。

　一方，大学図書館の多くが利用しているNACSIS-CATは国立情報学研究所（National Institute of Informatics：NII）が提供するサービスで，複数の図書館が協力して書誌データを作成するとともに，全国的な総合目録を形成しようとするものである。すなわち，各図書館で受け入れた図書の書誌データがNACSIS-CATの目録所在データベース（NACSIS-CATデータベースと呼ぶ）に既に登録されている場合には，その書誌データを各館の図書館システムに取り込む（コピー・カタロギングと呼ばれる）とともに，各館の所蔵記録をNACSIS-CATデータベースに登録する。登録されていない場合には各館が新しく書誌データを作成する（オリジナル・カタロギングと呼ばれる）とともにNACSIS-CATデータベースに所蔵記録を登録する。このようにして，複数の図書館が共同して書誌データの作成が行われている。このNACSIS-CATとの接続を前提とした図書館システムが数多く開発され，大学図書館が共同で書誌データを入力するしくみが整えられたことで，目録作業の効率化と標準化が実現でき，中小規模の大学図書館にまで図書館システムの導入が急速に進む原動力となった[4]。

4：MARCおよびNACSIS-CATの詳細については，本シリーズ第9巻『情報資源組織論』の6章を参照されたい。

(3) 利用者情報の登録

　利用者情報の登録は，図書館のカウンターなどで受け付けた申込書の内容を入力する形で行われる。利用者情報の登録と同時に利用者には図書館固有の利用者識別記号・番号（利用者ID）が発行され，貸出や返却などの際にはこの利用者IDを用いて処理が行われる。

　利用者情報は貸し出された資料の督促その他のためにも必要であるが，その利用に際してはできるだけ個人情報が漏れないような工夫がなされている。例えば，返却が遅れた場合のような特別な時以外には利用者情報が画面に表示されないしくみは多くの図書館システムが備えている。また，利用者情報が容易にアクセスできないようにセキュリティに配慮したしくみが導入されていることも多い。

　利用者情報をコンピュータで管理することは，操作に応じた表示項目に制限を加えたり，パスワードの設定などを行うことが容易になったという点で，紙による管理と比較して情報漏洩の危険を減少させるという大きな効果をもたらすことになった。例えば，従来のように1枚の紙に個人情報が記録されている場合には，実際の作業には用いない項目まで操作時に表示されてしまうことになる。これをコンピュータ上に記録することで，必要なときに必要な情報だけを表示することが可能になるのである。ただし，コンピュータに記録した場合，もし何らかのトラブルが発生した時には大量の個人情報が流出してしまうという危険も同時にはらんでいる。情報システムのセキュリティなどの問題については，8章で取り扱う。

　この利用者情報の登録という機能は，基本的にはキーボードからデータを図書館システムに入力するだけということもできる。しかし，利用者の登録という簡単な機能だけでも図書館システムが行うべき作業は多い。例えば，①利用者の仮登録（必要があれば），②利用者の登録，③利用者の一括登録，④利用者へのパスワードの仮発行（必要があれば），⑤利用者の照会，⑥利用者の編集と削除，⑦利用者カードの再発行，⑧利用者の属性を利用不可に変更，⑨期限切れ利用者の再承認，などがあげられる。

　また，それぞれの作業をとりあげて見れば，さらに細かな制御などが必要と

なる。例えば、利用者の登録という作業は単に利用者情報の入力画面を表示して入力できるようにするだけではなく、利用資格を満たしているかどうかの照合や、二重登録のチェックを自動的に行うしくみがこらされている。実際のシステムでは操作性を高めるための工夫がこらされていることも多い。

（4）目録情報の提供：図書館資料の検索

図書館資料を探すという行為は、図書館システムという視点から見た場合には図書館目録の各項目中の文字列をてがかりに図書館システム内に記録された書誌情報や所蔵情報等（以下、目録情報とする）を探し、表示するという操作を意味する。このような目録情報を表示するためのしくみとしてOPACがある。OPACとは、図書館の目録をオンラインで検索できるようにしたシステムのことを意味し、コンピュータが導入され図書館システムを運用している図書館では、標準的な機能となっている。

5-4図　目録カードの例[5]

かつて、図書館に所蔵されている多数の資料を検索するためには5-4図に示すような目録カードが用いられていた[6]。しかし、このような目録カードの作成や維持を人手で行うことは大変な労力や費用が必要であるほか、広い設置場所が必要となる。また、探すための手がかりとなる語が限られるなどの問題もあった。図書館システムの導入によって、システム中に蓄積された目録データを図書館内の端末やWebページなどで公開し、利用者が簡便に資料を探す手段を提供するしくみとしてOPACが開発されたのである。

OPACは当初、各図書館における目録カードの代替として、目録コーナー

5：国立国会図書館. "図書館ってなんだろう？：なぜなに質問箱". 国立国会図書館キッズページ. 2013-12-20. http://www.kodomo.go.jp/kids/lib/qa/qa2_a1.html, (参照 2014-01-17).

6：本シリーズ第9巻『情報資源組織論』などを参照されたい。

に設置された端末からのみ利用できることが多かったが，インターネットの発達とWWWの発展にともなって，現在ではほとんどの図書館でOPACはWebページにアクセスすれば利用できるものとなってきている。OPACの有用性は利用者に認識されており，必要なWebページを検索する際に検索エンジンを使用するのと同様に，図書館において図書を利用する際の重要なツールとして使用されている。その目的としては，所蔵資料の確認以外に，正確な書誌情報の確認，さらには類似資料の検索などの役割も期待されている。OPACで検索を行う際に入力する項目としては，従来はタイトルや著者名，出版者名などの書誌事項ごとに検索語を入力するボックスが用意され，それらの各項目をANDやORといったブール演算子で結ぶ方式（「詳細検索」などと呼ばれる方式）がほとんどのシステムで採用されていた。しかし，近年ではWebページを探すための検索エンジンや，オンライン書店などでよく使われているような，検索対象項目を指定せずすべての項目を検索対象とする検索ボックス1つだけを表示する方式（「簡易検索」などと呼ばれる方式）も用意されているOPACが増加してきている。

　5-5図および5-6図に「国立国会図書館蔵書検索・申込システム（NDL-OPAC）」の簡易・詳細検索画面を示す[7]。

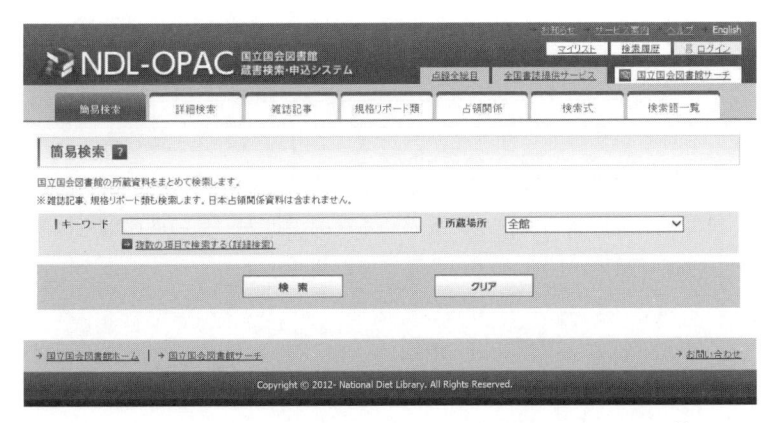

5-5図　国立国会図書館OPACの検索画面（簡易検索画面）[7]

5-6図　国立国会図書館 OPAC の検索画面（詳細検索画面）[7]

　また，OPAC で探すことができる資料は，従来それぞれの図書館が所蔵する資料のうちで紙媒体の資料だけに限定されていることが多かった。しかし近年では電子ジャーナル，電子書籍，さらには図書館でデジタル化した資料なども同時に検索できるようにされている例も増えてきている。さらに，他の図書館の資料も同時に検索を行う横断検索システムなども構築されてきている。

　現状の OPAC に対する不満点としては，オンライン書店や検索エンジンにおいて検索キーワードの補正機能が実装されたり，表示内容が充実していくのと比較して，図書館 OPAC は旧態依然としており使いづらいものが多いという指摘がなされることもある。また，図書館システムごとに OPAC で指定できる検索項目や項目の並び順などが異なっており複数の図書館を利用する利用者にとっては混乱をきたすなどの指摘もある。これらを受けて OPAC においても，利用者支援機能の強化，対象となる範囲の拡大，他の図書館や図書館外の機関との連携機能の強化など，さまざまな新しい工夫を加えたシステムが開発されはじめてきている。これらは，次世代 OPAC またはディスカバリインタフェースと呼ばれる。次世代 OPAC・ディスカバリインタフェースについては本章5節で述べる。また，他の図書館や各種機関との連携手法については

7：国立国会図書館の「NDL-OPAC 国立国会図書館蔵書検索・申込システム（https://ndlopac.ndl.go.jp/）」の画面より「検索機能のみを利用する（ゲストログイン）」を開き，「簡易検索」（5-5図），「詳細検索」（5-6図）を選択する。

本章4節3項でも説明する。

(5) 図書館資料の提供：貸出・返却および閲覧など

　図書館が収集した資料を一般利用者の閲覧や貸出に供するために，図書館資料に関するデータと利用者データを管理する機能は，図書館システムの最も基本的な機能である。貸出および返却作業だけではなく，延長，予約，督促，貸出状況確認なども図書館システムで行われる。

　図書館システムを用いた貸出と返却は，図書館資料および利用者に関する情報を，図書に貼付されたラベルや利用者カードに記載された文字を光学文字認識（OCR）技術を用いて読み取ったり，バーコードを利用するなどの方法で図書館システムに入力し，どの図書がどの利用者に貸し出されているのかという組み合わせを管理することで実現される。図書館システム中では，利用者の区分ごとに設定された貸出条件（資料の貸出期間や貸出冊数の制限など）などがあらかじめ設定されており，図書館システムはこれらの条件に基づいて貸し出しの可否判断など適切な処理を行う。

　近年では，バーコードなどの代わりに本書2章でも説明したICタグを図書に装備して利用することも増えている。バーコードやICタグは基本的には利用者IDや資料IDをキーボードから打ちこむかわりに一度の操作で読みこむだけのものであるが，操作が簡単になるということの効果は大きく，図書館員が貸出手続きを行う代わりに利用者自身が貸出や返却を行うことができる自動貸出装置を用いる図書館も増えてきている。特にICタグを用いる場合には，複数冊を借り出す場合にもまとめて一度の操作ですべての図書を処理することができる。

　また，貸出に関わる業務のうち資料の予約については図書館システムがネットワークに対応したことで，その利用が急速に増加した代表的な例である。インターネットを介した図書の予約を行うことが可能になった結果，潜在的な利用者が掘り起こされて，公共図書館の予約件数はいずれの公共図書館においても大幅に増加するなど，図書館資料の貸出数増加に貢献している。このような予約業務に関する機能は急速に進歩してきており，予約本が返却された場合に確保連絡を電子メールで行う，他の人から予約がはいった図書に対する貸出延

長を制限する，などさまざまな工夫がなされていることも多い[8]。

さらに，貸し出された資料に関しては，その返却日などをもとにして延滞者リストの作成や督促状の印刷などの機能を持つシステムも多い。図書館システムによっては，登録されたメールアドレスに対しての督促メールの送付などを行うことができるものもある。また，返却予定日の変更や予約処理などを行うことができる機能を備えたものも数多い。

資料の提供業務のうち閲覧業務については，入退館管理および閉架書庫の資料に対する出納がその中心となる。特に公共図書館においては，いままで開架書庫の比率を高めて利用者自身が資料にアクセスできる割合を高める運用をしている例が多かったこともあり，閲覧業務などの管理はそれほど重視されてこなかった。しかし，近年，開館時間の延長にともなって入退館管理を自動的に行うためのしくみが導入されたり，ICタグを導入して書架にも棚アンテナと呼ばれるセンサーを取りつけ，館内での利用についても統計データを取得可能とするシステムが開発されるなど，閲覧業務についてもシステム化が進んできている。

さらに，閉架書架の管理を全面的にコンピュータで制御する自動化書庫を導入する図書館も少しずつ増えてきた。自動化書庫は，書庫内の資料の出納作業を自動化した書庫である。通常の閉架書架とは異なり，主題別に資料を並べて配架するのではなく，資料の大きさがほぼ同じ資料を一つのコンテナ中に収納・保存して，出納作業も指定した資料が含まれるコンテナをロボットアームで取り出す方式をとる。大きさ別に収納するためにコンテナ中の容積を効果的に利用できるほか，狭い場所や人間では手が届かない高い場所まで有効利用することができるため，狭い所蔵スペースでも多くの資料を収納することができる。また，コンピュータを利用した所蔵管理が収納と同時に行われるため，蔵書点検などが不要というメリットもある。一方で，導入に際してのコストは非

8：インターネットを介した図書の予約は，本文中に示すような良い効果をもたらすと同時に，簡単に予約ができてしまうために使われない図書が取り置かれている期間が不必要に長くなってしまい，結果として利用者サービスの低下につながるのではないかという指摘がされることもある。図書館システムが持つ機能をどのように運用するかについて，図書館ごとの検討が必要であることを示す典型例の一つであろう。

5-7図　自動化書庫[9]

常に大きいため，導入できる図書館は限られるという問題もある。

　図書館システムの導入によって実現されるようになった，もう一つの大きな変化として，複数の図書館を対象として同時に蔵書検索を行うことができるシステム（横断検索システム）の構築があげられる。郷土資料などを中心に，各自治体に関連の深い資料の中には，特定の図書館しか所蔵していないものも多い。また，限られた資料費の中で各図書館がすべての図書を購入することはできないため，ある図書館が所蔵していない図書を，別の図書館が所蔵しているか探す必要があることも増えてきている。このような場合に，まとめて複数の図書館の蔵書を検索できる横断検索システムは有効である。

　現在，公共図書館については，全ての都道府県で県域横断検索システムが構築されている[10]。一部の地域では公共図書館だけに限定せず館種をこえて横断検索を行うしくみを提供している例もある。また，全国的には国立国会図書館と全国の都道府県立図書館および一部の政令指定都市など「国立国会図書館総合目録ネットワーク」（ゆにかねっと）データ提供館の所蔵資料について国立

9："自動化書庫オートライブ"．日本ファイリング株式会社 Web サイト．http://www.nipponfiling.co.jp/products/library/auto/，（参照2014-01-20）．
10：ただし，県内すべての図書館の資料が検索できるのではなく，一部の図書館だけを対象としていることも多い。また，各図書館 OPAC ごとの検索方式や表示形式の違いによる制約がいる横断検索システムも数多い。

国会図書館サーチを通じて利用することができる[11]。さらに，株式会社カーリルが運営する図書館蔵書検索サイト「カーリル」[12]のように，民間企業が図書館の横断検索システムを提供している例もある。

　このように，複数の図書館の所蔵情報をまとめて検索できるしくみが出現したことは，各図書館が協力して現物資料の貸借を行う「図書館間相互貸借（Inter Library Loan：ILL）」用のシステムをも生み出すこととなった。図書館にない資料を別の図書館に依頼して入手する図書館間相互貸借には，文献複写と現物貸借の両方がありえるが，図書館システムは，その両方に関してWebや電子メールによる申し込み受付を行う機能を提供するほか，処理状況の問い合わせや料金決済の機能を持つものも存在する。前述の「国立国会図書館総合目録ネットワーク」や，国立情報学研究所のNACSIS-ILLはその例である。

（6）その他

　その他の業務の例としてはレファレンス業務の支援があげられる。例えば，一部の図書館では，一般利用者からの問い合わせや相談を電子メールやWebページでの入力によって受け付け，図書館に来館しなくてもレファレンスが受けられるようになっている。これらを実現するための機能が図書館システムに備わっていることがある[13]。さらに，図書館からのお知らせをメールマガジンとして配信する機能や，利用者が登録した主題などに関する情報（新着案内など）のみを電子メールなどで送信するSDI（Selective Dissemination of Information）サービスを行う機能が実装されている場合もあるなど，図書館システムは多様なサービス展開に応用されている。

　図書館資料の利用は図書館サービスの中心であり，図書館サービスの評価を行うためにも図書館統計データの作成は極めて重要である。このような集計処理を手作業で行うことは非常に困難であるがコンピュータを利用することで月

11：ゆにかねっとと国立国会図書館サーチについては，本シリーズ第9巻『情報試験組織論』を参照されたい。
12：株式会社カーリル．"日本最大の図書館検索カーリル"．http://calil.jp．（参照2014-02-21）．
13：このように，システムに機能が備わっていることを「実装されている」と呼ぶことがある。

次報告，日次報告などのほかに，利用者の属性別やNDCごとなど多様な出力が可能となった。

3. 図書館システムのしくみ

(1) 図書館システムとデータベース管理システム

　図書館には数多くの資料が所蔵されているが，図書館資料に関する目録の記載項目（書誌事項）は，各資料で共通であり，業務の手順も同じであることが多い。例えば，図書館資料を受け入れた場合に作成される目録中の記載事項は，資料番号，タイトル，著者名，出版者（名），出版年，分類番号など共通した項目である。また，貸出の際に使われる利用者に関するデータも，利用者登録番号，氏名，連絡先住所，連絡先電話番号，貸出条件区分など共通である。さらに，貸出や返却業務の作業手順は，利用者が違っても，貸し出す図書が異なっても共通であり，一定のルールに基づいた操作が行われている。

　このような共通の形式を持った大量のデータを対象に，ルールに基づいて定められた手順の操作を行うという作業は，コンピュータが得意とする作業である。本書2章で述べたように，このような大量のデータを一つにまとめた集合体を「データベース」と呼び，データベースを取り扱うプログラムをデータベース管理システム（DBMS）という。DBMSは，さまざまな業務の中心的なしくみとして多くの業種で用いられている。このDBMSのように，コンピュータの基本的な機能を担当するオペレーティングシステム（OS）と業務用アプリケーションとの間で汎用的な特定の機能を果たすソフトウェアをミドルウェアと呼ぶことがある。図書館システムもDBMSを中心として構築された業務システムの一つである[14]。図書館システムとDBMSなどとの関係を5-8図に示す。

　DBMSが担う役割は，2章で述べたように，データの追加や変更を適切に管理したり，効果的な検索を可能にすることをはじめとして，データベースの

14：独自にデータ管理を行い，汎用のDBMSを使わない図書館システムも存在している。

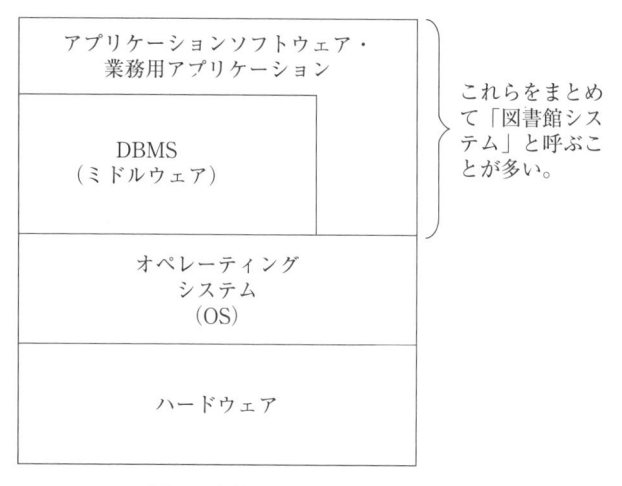

```
┌─────────────────────────────────┐ ┐
│ アプリケーションソフトウェア・  │ │
│ 業務用アプリケーション          │ │
│ ┌─────────────────────────┐     │ │ これらをまとめ
│ │                         │     │ ├ て「図書館シス
│ │      DBMS               │     │ │ テム」と呼ぶこ
│ │    （ミドルウェア）     │     │ │ とが多い。
│ │                         │     │ │
│ └─────────────────────────┘     │ │
└─────────────────────────────────┘ ┘
┌─────────────────────────────────┐
│        オペレーティング         │
│          システム               │
│           （OS）                │
└─────────────────────────────────┘
┌─────────────────────────────────┐
│         ハードウェア            │
│                                 │
└─────────────────────────────────┘
```

5-8図 図書館システムとDBMS等との関係

作成から利用・運用，削除まで各段階の処理すべてを円滑に行うことである。このような，基本的な役割に加え，①複数のデータベースを組み合わせた複雑な処理を行うこと，②複数の利用者が同時にデータベースを利用（検索，更新など）した場合でも矛盾なく処理を行うこと，③利用者が持つデータ操作権限に応じて重要なデータに対するアクセスの許可や制限を行うセキュリティ機能を確保すること，④ハードウェアに障害が発生した場合に，速やかに復旧し障害前の状態に復元すること，などのデータ操作に関する高度な処理もDBMSが担当している。また，近年ではネットワークを介して離れた場所からデータの操作を行う機能を備えていることが多い。

DBMSには，ネットワーク型，ツリー型などさまざまな管理方式のものが存在している。その中で，最もよく使われているのが関係型のデータベース管理システム（リレーショナルデータベース管理システム：Relational Database Management System：RDBMS）である。本章においてもRDBMSを用いてデータベースの管理を行う場合を例として説明する。

3．図書館システムのしくみ | 113

（2）リレーショナルデータベース管理システム（RDBMS）

　RDBMSは，その中で取り扱うさまざまなデータを，それぞれ表の形で管理するシステムである。図書館システムで取り扱う対象となるデータとしては，図書館資料に関するものや，利用者に関するものなど複数の種類のものがあるが，これらはいずれも表の形で表すことができる。図書館システムはRDBMSを使ってこのデータを組み合わせ，各種の業務を実現しているのである。これらそれぞれのデータを表形式で示したものをテーブルと呼び，業務に必要なすべてのテーブルの集まりをデータベースと呼ぶ[15]。5-9図に図書館システム，

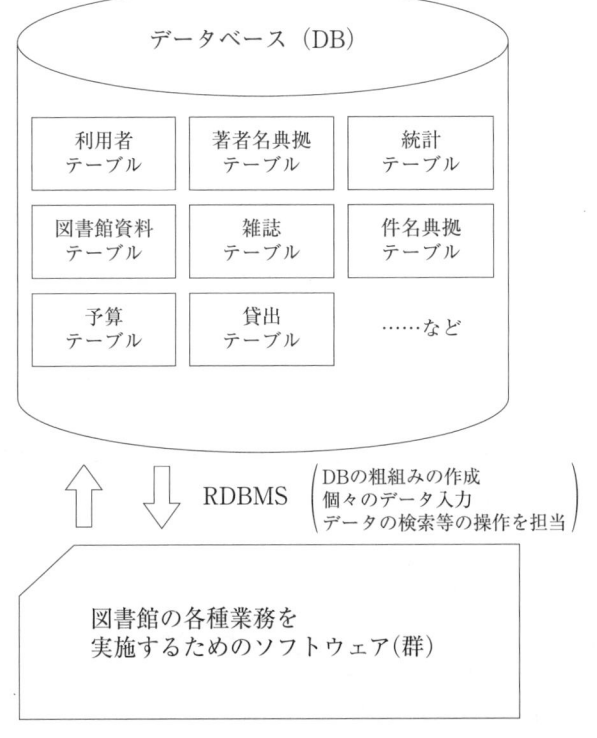

5-9図　図書館システムとRDBMS，データベース，テーブルの関係

15：ただし，RDBMSにおける表の概念は表計算ソフトなどにおける本の概念とは異なる。本章5節1項aおよび脚注19も参照のこと。

DBMS，データベース，テーブルの関係を示す。

それぞれのテーブルの各行が一つひとつのデータを，また各列がデータの持つ属性を示している。例えば，図書館資料に関するテーブルは5-10図のような形で示すことができる。5-10図における各列は図書に関する項目（例えば書名や著者名，出版者名など）を示しており，各行は1冊の図書に関するさまざまな項目の組を示している。各列をフィールド，各行をレコードとも呼ぶ。

RDBMSは，このような表形式で表されるテーブルに対して，以下のようなさまざまな操作を行う機能を提供するものである。それぞれの操作の具体例については次節で説明する。

a．テーブルの作成，修正，削除機能

テーブルを構成する各フィールドを指定・変更する。その際，各フィールドがどのような属性を持つのかもあわせて指定するのが通例である。属性の例としては，書名フィールドは「100文字までの文字列」を入力するとか定価フィールドは「数値」を入力するなどがあげられる。

b．テーブルへのデータの追加，修正，削除機能

テーブルに新しくレコードを追加する，テーブル中の，指定したレコードを削除するなどのほか，特定のレコードを対象に，指定したフィールドの値のみを置き換えるなどの操作も行われる。

c．一つまたは複数のテーブルを対象とした操作機能

テーブルを対象とした基本的な操作としては「射影（projection）」「選択（select）」「結合（join）」という三つがあげられる。このうち，射影はテーブ

フィールド
（この場合書名フィールド）

図書番号	書名	著者名	出版者名	発行年	……	管理情報
B000001	図書館概論	上野直一	樹村房	2034	……	A0063
B000002	図書館と私	棚橋哲治	第六出版社	2021	……	A0063
B000003	情報検索入門	大木三郎	樹村房	2032	……	A0063
B000004	図書館情報学入門	植村直樹	第六出版社	2031	……	A0063
B000005	件名管理法中級	城山琢巳	大学館	2034	……	A0064
B000006	情報管理の全て	田久保久司	樹村房	2033	……	A0065

レコード
（一冊の図書に関するデータ）

5-10図　図書館資料に関する表形式のテーブル

ルから必要なフィールドのみを抽出して新たなテーブルを作成する操作であり，選択はテーブルから条件に応じて必要な行を抽出して新たなテーブルを作成する操作である。また，結合は複数のテーブルに共通して存在するフィールドをもとにして（キーと呼ぶ），複数のテーブル中のフィールドを組み合わせて新しいテーブルを作成する機能である。これらの操作を組み合わせて用いることもある。5-11図に「射影」，5-12図に「選択」の例を，5-13図に「結合」の例を示す。

図書番号	書名	著者名	出版者名	発行年	件名	管理情報
B000001	図書館概論	上野直一	樹村房	2034	図書館，情報管理	A0063
B000002	図書館と私	棚橋哲治	第六出版社	2021	学習法，図書館	A0063
B000003	情報検索入門	大木三郎	樹村房	2032	情報検索，情報管理	A0063
B000004	図書館情報学入門	植村直樹	第六出版社	2031	図書館情報学，教育	A0063
B000005	件名管理法中級	城山琢巳	大学館	2034	図書館，情報管理	A0064
B000006	情報管理の全て	田久保久司	樹村房	2033	情報管理	A0065
B000007	情報管理を学ぶ	上野直一	大学館	2038	学習法，情報管理	A0066

書名	著者名	件名
図書館概論	上野直一	図書館，情報管理
図書館と私	棚橋哲治	学習法，図書館
情報検索入門	大木三郎	情報検索，情報管理
図書館情報学入門	植村直樹	図書館情報学，教育
件名管理法中級	城山琢巳	図書館，情報管理
情報管理の全て	田久保久司	情報管理
情報管理を学ぶ	上野直一	学習法，情報管理

射影（タイトル，著者名，件名のみ）

5-11図　「射影」の例

図書番号	書名	著者名	出版者名	発行年	件名	管理情報
B000001	図書館概論	上野直一	樹村房	2034	図書館，情報管理	A0063
B000002	図書館と私	棚橋哲治	第六出版社	2021	学習法，図書館	A0063
B000003	情報検索入門	大木三郎	樹村房	2032	情報検索，情報管理	A0063
B000004	図書館情報学入門	植村直樹	第六出版社	2031	図書館情報学，教育	A0063
B000005	件名管理法中級	城山琢巳	大学館	2034	図書館，情報管理	A0064
B000006	情報管理の全て	田久保久司	樹村房	2033	情報管理	A0065
B000007	情報管理を学ぶ	上野直一	大学館	2038	学習法，情報管理	A0066

図書番号	書名	著者名	出版者名	発行年	件名	管理情報
B000001	図書館概論	上野直一	樹村房	2034	図書館，情報管理	A0063
B000007	情報管理を学ぶ	上野直一	大学館	2038	学習法，情報管理	A0066

選択（著者名が上野直一である図書のみ）

5-12図　「選択」の例

図書番号	書名	著者名	出版者番号
B000001	図書館概論	上野直一	73654358
B000002	図書館と私	棚橋哲治	73654357
B000003	情報検索入門	大木三郎	73654358
B000004	図書館情報学入門	植村直樹	73654357
B000005	件名管理法中級	城山琢巳	73654356
B000006	情報管理の全て	田久保久司	73654358
B000007	情報管理を学ぶ	上野直一	73654356

キー

出版者番号	出版者名	郵便番号	所在地	電話番号
73654356	大学館	123-4567	大阪市城跡公園町1-1-1	998-123-4567
73654357	第六出版社	234-5678	尾張市狸町2-4-5	998-7654-321
73654358	樹村房	345-6789	安土市山の上9-9-82	998-123-4321

図書番号	書名	著者名	出版者番号	出版者名	郵便番号	所在地	電話番号
B000001	図書館概論	上野直一	73654358	樹村房	345-6789	安土市山の上9-9-82	998-123-4321
B000002	図書館と私	棚橋哲治	73654357	第六出版社	234-5678	尾張市狸町2-4-5	998-7654-321
B000003	情報検索入門	大木三郎	73654358	樹村房	345-6789	安土市山の上9-9-82	998-123-4321
B000004	図書館情報学入門	植村直樹	73654357	第六出版社	234-5678	尾張市狸町2-4-5	998-7654-321
B000005	件名管理法中級	城山琢巳	73654356	大学館	123-4567	大阪市城跡公園町1-1-1	998-123-4567
B000006	情報管理の全て	田久保久司	73654358	樹村房	345-6789	安土市山の上9-9-82	998-123-4321
B000007	情報管理を学ぶ	上野直一	73654356	大学館	123-4567	大阪市城跡公園町1-1-1	998-123-4567

5-13図 「結合」の例

（3）RDBMS と図書館業務

　図書館システムは，利用者の登録・修正，図書館資料の受け入れから，蔵書検索，図書館資料の貸出・返却など，さまざまな処理を行うことができる。その際，これらの業務ごとに別々のデータベースを取り扱うのではなく，すべての業務で共通のデータベースを対象とした処理を行っている。

　例えば利用者情報の登録や書誌情報・所蔵情報の登録は，それぞれデータベース中の図書館利用者に関するテーブル（利用者テーブル），図書館資料に関するテーブル（図書館資料テーブル）に対してレコード単位でのデータの追加を行うという作業そのものであるし，OPACは，図書館資料テーブルを対象

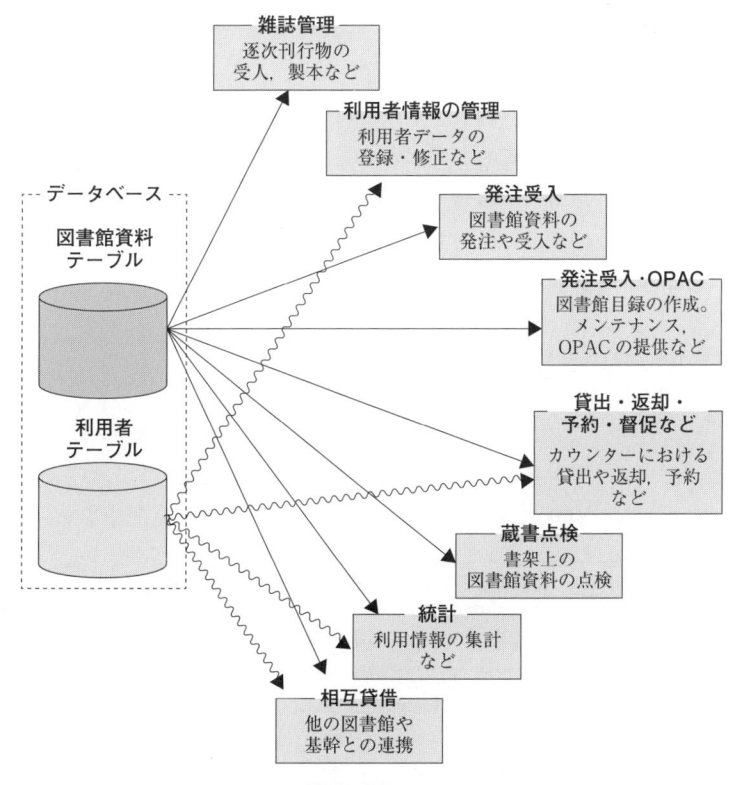

5-14図　図書館業務とデータベース

に選択操作を行うものである（実際には，選択操作を行った上で必要なフィールドだけを表示するために射影操作を行うなど，複数のデータベース操作を組み合わせていることが多い）。

また，資料の予約，貸出・返却という業務では，あらかじめ利用者テーブルと，図書館資料テーブルを用意しておき，貸出のたびに設定されたルールに基づいて利用者テーブルと図書館資料テーブルを結びつける処理が行われる。これら，それぞれの業務で取り扱う利用者テーブルおよび図書館資料テーブルはすべて同じものである。5-14図に示すように図書館における多くの業務が，資料および利用者に関する共通のデータベースを使用しているのである。

(4) SQL (Structured Query Language)

世の中には数多くのRDBMSが存在するが，テーブルの作成・削除・変更，テーブルに対するレコードの追加・削除・編集，さらにテーブル中から条件に合致したレコードの表示（検索）などといった，基本的な操作を行うための命令が標準化されており，SQLと呼ばれる言語が用いられている[16]。SQLは，人間が理解しやすい命令の組み合わせとなっている。例えば，「名前」と「電話番号」という二つのフィールドを持つ「電話番号簿」という名前のテーブルに対してレコードを追加する場合には以下のような命令（SQL文）を実行する。

   INSERT INTO 電話番号簿 (名前, 電話番号)
      VALUES ('Linda Kate', '090-1111-1111')

また，テーブルを対象とした「選択」の場合にはSELECTという命令を用いて以下のようなSQL文を指定する。FROM部分には対象となるテーブルを，

---

[16]: RDBMSの中には，単体で動作するソフトウェアとして販売されているものも存在する。特に，このような場合には，SQL文をユーザが入力するのではなくGUI（利用者に対してアイコンやボタン，プルダウンメニューなどグラフィックを多用した画面を表示するとともに，基礎的な操作をマウスなどのポインティングデバイスによって行うことができるようにして，利用者の視認性と操作性を高めた入出力のしくみ）を用いて各種の操作を簡単に実現できるように工夫されていることが多い。このようなGUIを使う場合でも，実はアイコンやボタンにSQL文が割りあてられており，クリックすることでそのSQL文が実行されるようなしくみとなっているものも多い。

WHERE 部分には選択のための条件を指定する。また，SELECT と FROM の間には条件に合致するレコードについてどのフィールドの内容を表示するかを記述する。

  SELECT 氏名，生年月日，所属事務所 ← 表示するフィールド名
    FROM タレント名鑑   ← 対象となるテーブル名
    WHERE 身長 < 160   ← 選択の条件
    ORDER BY 読み仮名   ← 表示する際の並べ順

 この例は，「タレント名鑑」という名前のテーブル中の「身長」フィールドの値が160未満であるようなレコードについて，「読み仮名」フィールドの値の辞書順に並べて，「氏名」「生年月日」「所属事務所」という三つのフィールドの内容を表示するという SQL 文となっている。
 また，文字列を対象とした検索の場合は以下のような SQL 文を実行する。

  SELECT *   ← すべてのフィールドを表示
    FROM 住所録
    WHERE 氏名 = '樹村太郎'

 この例では，「住所録」という名称のテーブル中のレコードで，「氏名」フィールドの値が「樹村太郎」という文字列であるレコードについて，すべてのフィールドの内容を表示するという内容となっている。ここで SELECT と FROM の間に指定した*は検索などの条件指定で使用する特殊文字で，どんな文字列とも対応するということを示しており，ワイルドカードと呼ばれる。この場所に指定した場合，すべてのフィールドを指定したのと同じ役割を果たしている。
 条件の指定としては，対象となるフィールドと検索語とを比較演算子や論理演算子で結ぶなどの指定を行う。比較演算子と論理演算子の例を 5-1 表に示す。5-1 表に示すような数値の大小比較を行う演算子や論理演算子などはオンライン・データベースなどで用いられるのと同様の表記法である[17]。

検索条件の記述としては，さらに複雑な指定を行うこともできる。例えば，文字列を内容とするフィールドで完全一致検索（検索語を完全な形で指定した検索）ではなく，探したい語の一部だけを指定して検索を行う部分一致検索（前方一致検索，後方一致検索，中間一致検索）などを行う場合はその一例である。SQLでは部分一致検索を行う場合には以下のように指定する。具体的なSQL文としては以下のようになる。

5-1表　比較演算子の例

	演算子	意味
比較演算子	=	等しい
	< >	等しくない
	>=	より小さいか等しい
	>	より小さい
	<=	より大きいか等しい
	<	より大きい
論理演算子	AND	かつ
	OR	または

　　SELECT 書名, 著者名, 出版者名, 発行年
　　　　FROM 図書館資料 WHERE 著者名 LIKE '%樹村太郎%'

　この例では，「図書館資料」テーブルの著者名フィールド中に「樹村太郎」という文字列が含まれているレコードを検索し，その書名，著者名，出版者名，発行年フィールドだけを表示するということを示している。
　このように，著者名 LIKE '%樹村太郎%' という指定をすることで，著者名フィールド中の文字列が「樹村太郎」のみではなく，例えば「樹村太郎，樹村次郎」というように後ろにも文字列がある場合や，「樹村花子，樹村太郎，樹村次郎」というように前後に文字列がある場合でも探すことができる。この条件指定部における％もワイルドカードとして指定するもので，＊と同様に，すべての文字列に置き換えて考えるということを意味する。
　さらに，検索条件は複数組み合わせることもできる。例えば，書名中に情報検索という語が含まれる2012年出版の資料を抽出する場合には以下の指定となる。

17：情報検索での指定の詳細については，本シリーズ第5巻『情報サービス論』の5章を参照されたい。

SELECT ＊ FROM 図書館資料
　　　　WHERE 書名 LIKE '%情報検索%' AND 出版年 = 2012

（5）RDBMS を用いた簡単な図書館システムの作成例

　図書館で行われる各種の業務は，前述のような RDBMS の基本機能だけを用いても簡単に実現することができる[18]。本節では，図書館業務を行うために RDBMS をどのように利用するのかについて，基本的な機能に関してテーブルの作成から利用までの手順を例示しながら説明する[19]。また，操作手順とともに標準的な操作言語である SQL での指定例についても記載する。

a．図書館資料および利用者に関するテーブルの作成

　前述のように，図書館システムでは多くの業務で共通のテーブルを用いて処理を行う。そこで，まず図書館業務で取り扱うデータを格納するテーブルとしては，どのようなものが必要かを検討する必要がある。

　図書館業務で必要となる最低限のテーブル構成としては，図書館資料に関するデータを管理するためのテーブル（「図書館資料」テーブル），利用者に関するデータを管理するためのテーブル（「利用者」テーブル）が必要であることは容易に想像ができる。

　「図書館資料」および「利用者」という二つのテーブルを作成すると決定したら，次にテーブルごとに必要なフィールドを決定する必要がある。例えば，「利用者」テーブルでは「利用者番号」「氏名」「住所」「電話番号」というフィールド，「図書館資料」テーブルに関しては「資料番号」「書名」「著者名」「出版者名」「発行年」「件名」といった資料に関するフィールドおよび図書館内だ

18：RDBMS の機能を用いて図書館の業務を実現する方法は，本書に記載した方法以外にもさまざまな手順が考えられる。実際の図書館システムで採用されている方法はセキュリティ対策がとられ，さらにさまざまな付加機能が実装されたり高速化が図られるなど工夫がこらされている。本書で示すのはごく基本的な手順のみであり，また，あくまで実装の一例である。

19：ここで例示する操作は，Microsoft Access のようなパソコン上で動作する RDBMS でも実現することができる。パソコン上で動作する RDBMS では，その実装によってメニューや画面上のパーツを移動するなどの形で操作を行うことが標準となっている場合もあるが，考え方自体は同じである。また，SQL での操作も行えるソフトウェアも多い。

5-2表 図書館資料データの構造

図書番号	書名	著者名	出版者名	発行年	件名	管理情報
B000001	図書館概論	上野直一	樹村房	2034	図書館，情報管理	A0063
B000002	図書館と私	棚橋哲治	第六出版社	2021	学習法，図書館	A0063
B000003	情報検索入門	大木三郎	樹村房	2032	情報検索，情報管理	A0063
B000004	図書館情報学入門	植村直樹	第六出版社	2031	図書館情報学，教育	A0063
B000005	件名管理法中級	城山琢巳	大学館	2034	図書館，情報管理	A0064
B000006	情報管理の全て	田久保久司	樹村房	2033	情報管理	A0065

けで利用する「管理情報」フィールドなどを設定する。その際，データベース管理ソフトウェアでは大量のデータを高速に効率よく管理するためなどの理由から，テーブル中にどのようなフィールドがあるかを指定するだけではなく，各フィールドに入力するデータの属性についても指定するのが通例である[20]。例えば，「書名」「著者名」「出版者名」のようなフィールドでは文字列型という属性を，また「発行年」については整数型という属性を，貸出日については日付型という属性を指定する。さらに，値が存在しないという指定を認めるかどうかなどについても指定することがある。

5-2表に示すようなテーブルを例とした場合，書名フィールドの文字数を最大75文字，著者名および出版者名フィールドの文字数を最大50文字というように，文字数属性を持つ各フィールドの最大文字数を決定し，各フィールドの値を入力しないでも良いかどうか，識別のために用いるかなどの指定を行う。このテーブルを作成するための SQL 文は CREATE という命令を使って以下のとおりとなる[21]。

20：このように RDBMS におけるテーブルにおいては，表の行と列の役割がはっきりと定まっている。また，列によって格納することが許されるデータの形式に制約があることが通例である。その意味で，同じように表形式でデータを表現するために用いる Microsoft Excel などの表計算ソフトウェアとは，その「表」という概念が異なる（表計算ソフトウェアでは同じ表（ワークシートなどとも呼ばれる）の中に複数の表を記述できることなどを思い浮かべるとわかりやすい）。RDBMS や SQL については，ここでは簡単に説明するだけにとどめる。興味のある読者は参考書を一読されたい

21：RDBMS を用いる際には必ず SQL 文を理解し記述できるようにならないといけないわけではない。GUI で操作を指定できる RDBMS も数多く存在する。

```
CREATE TABLE  図書館資料（
        図書番号   CHAR(7)    PRIMARY KEY,   ← 識別キーが必要
        書名      CHAR(75)   NOT NULL,      ← 値が必要
        著者名     CHAR(50)   NULL,      ⎫
        出版者名    CHAR(50)   NULL,      ⎬  値が指定されず
        発行年     INTEGER    NULL,      ⎪  空白でもよい
        件名      CHAR(20)   NULL,      ⎪
        管理情報    CHAR(10)   NULL       ⎭
        )
```

同様に利用者テーブルについても,「利用者番号」「氏名」「住所」「電話番号」というフィールドの属性を指定する。

b．貸出および返却に関するテーブルの作成

　前項において図書館で取り扱う資料および利用者に関する情報を記録するためのテーブルを作成したが，これだけでは貸出や返却についての処理を行うことができない。図書館資料の貸出や返却を行う際には，どの利用者がどの図書館資料を貸出しているかという組み合わせを記録できるようにする必要がある。

　このような場合に，「図書館資料」テーブルまたは「利用者」テーブル中に貸出や返却に関する情報を記録するフィールドを含めるという方法をとることも可能である。

　例えば「利用者」テーブル中に「その利用者が現在借りている図書館資料の資料番号」と「貸出日」および「貸出期限」についてのフィールドも含める形で作成するということでも貸出や返却処理を行うことができる。この場合，貸出が行われるたびに各利用者が借りだした資料番号を「利用者」テーブルに追加し，返却されたら資料番号を削除するという操作となる。

　また，「図書館資料」テーブル中に「その図書を現在借りている利用者の番号」と「貸出日」および「貸出期限」についてのフィールドを追加することで図書館資料の貸出や返却を実現することもできる。この場合には，貸出が行われるたびに各図書館資料を借り出した利用者番号を「図書館資料」テーブルに追加し，返却されたら利用者番号を削除するという操作となる。

　しかし，「図書館資料」テーブルや「利用者」テーブルに，貸出に関するフ

ィールドを含めることは，図書館システムの処理速度の点でもセキュリティの点でも大きな問題を含んでいる。例えば「利用者」テーブルに貸出に関するフィールドを含めた場合，貸出が行われるたびに「利用者」テーブルを操作することになってしまい，本来ならば操作する必要がない個人情報が含まれたテーブルを何度も表示してしまうなどが考えられる。また，「図書館資料」テーブルには大量の図書館資料に関するデータが蓄積されているが，そのうちのごく一部だけを対象とした処理にすべての図書館資料に関するテーブルを操作することは非効率的である。

そこで，例えば，貸出や返却を行う場合には「図書館資料」テーブルや「利用者」テーブル中に貸出・返却に関するフィールドを追加するのではなく，貸出に関するデータを管理するためのテーブルとして，新たに「貸出記録」テーブルを作成する方法が考えられる。このように貸出や返却の状況のみを記録するテーブルを作成することはテーブルの数を増やすことになるが，不必要な操作を少なくするなどの点で有効な手法と考えられる[22]。

「貸出記録」テーブルは，貸出時にどの図書館資料がどの利用者に利用されているかを記録するために用いるものである。すなわち，「図書館資料」テーブル中の「図書番号」と，「利用者」テーブル中の「利用者番号」の対応を記録することができればよい。例えば，5-3表のようなテーブルを作成する。

5-3表 「貸出記録」テーブルの構造

貸出番号	利用者番号	図書番号	貸出日	返却期日	返却日
0000001	FJ0034B	B000001	2013/4/1	2013/4/15	2013/4/3
0000002	FJ0034B	B000042	2013/4/1	2013/4/15	2013/4/5
0000003	FB0034A	C001405	2013/4/1	2013/4/15	2013/4/3
0000004	FB0034A	B000046	2013/4/1	2013/4/15	2013/4/9
0000005	FB0034A	C023406	2013/4/1	2013/4/15	
0000006	FC0124Q	B000001	2013/4/9	2013/4/23	2013/4/9
0000007	FC0124Q	C001405	2013/4/9	2013/4/23	

22：もちろん，実際の図書館システムではさらに複雑なテーブル構成となっていることが一般的である。例えば，件名を記録するテーブルを用いる場合のように機能強化のために多数のテーブルを使用することもあれば，セキュリティ強化のために利用者テーブルを分割して作成する場合など，さまざまなケースが考えられる。図書館システムに限らずRDBMSを利用する多くの業務システムでは，業務内容に応じて効果的に処理が行えるように，テーブルの構成が工夫されている。

5-3表に見られるように、「貸出記録」テーブルでは図書館資料や利用者に関する具体的な情報を記録せず、利用者番号と図書番号との対応関係を記録するだけの構造となっている。実際に貸し出された図書や利用者についての具体的な値が必要になれば、5-15図に示すように必要に応じて図書館資料テーブルや利用者テーブルから必要な値を呼び出してくることとなる（5-15図は未返却図書の督促リスト作成を例としている）。

このように、普段は表を分けて管理しておき、必要に応じて必要なデータを組み合わせて使用することは、不必要なデータを表示しないことによるセキュリティの確保や処理速度の向上に有効である。また、データ量の肥大化を防ぎ、記憶容量の圧縮と処理速度の向上をはかることができる、さらに同じ内容のデータが複数の場所に記録されてしまうことによる更新の手間の問題を防ぐことができるなどの利点もある。

c．利用者の登録・修正，図書館資料の受け入れ

利用者の登録および図書館資料の受け入れについては、RDBMSの持つテーブルへのデータの追加機能を用いて、各テーブルにレコードを追加するという操作が行われる。例えば、図書館資料を受け入れるという操作の場合には、「図書館資料」テーブル中の各フィールドに対する値を指定してレコードを挿入することとなる。

このようなレコードの挿入を行うためのSQL文は、例えば「図書館資料」テーブルにレコードを追加する場合を例にとると以下の通りとなる[23]。

```
INSERT INTO 図書館資料（図書番号，書名，著者名，出版者名，発行年，件名）
    VALUES（B000001, '図書館概論', '樹村太郎', '樹村房', 2014,）；
```

本節aで示す「図書館資料」テーブル作成で指定したフィールドと照らしあわせるとこのSQL文の例では「件名」および「管理情報」フィールドに対応する値が追加されていない。このように、必須項目以外のフィールドについて

---

[23]: 例えばGUIを用いて表計算ソフトで作成した1000件のレコードをテーブルに読み込むような場合，RDBMS内部では各レコードに対応してこの命令が1000回実行されると想像すればわかりやすい。

貸出番号	利用者番号	図書番号	貸出日	返却期日	返却日
0000001	FJ0034B	B000001	2013/4/1	2013/4/15	2013/4/3
0000002	FJ0034B	B000042	2013/4/1	2013/4/15	2013/4/5
0000003	FB0034A	C001405	2013/4/1	2013/4/15	2013/4/3
0000004	FB0034A	B000046	2013/4/1	2013/4/15	2013/4/9
0000005	FB0034A	C023406	2013/4/1	2013/4/15	
0000006	FC0124Q	B000001	2013/4/9	2013/4/23	2013/4/9
0000007	FC0124Q	C001405	2013/4/9	2013/4/23	

貸出番号	利用者番号	図書番号	貸出日	返却期日	返却日
0000005	FB0034A	C023406	2013/4/1	2013/4/15	
0000007	FC0124Q	C001405	2013/4/9	2013/4/23	

図書番号	書名	著者名	出版社名	件名	管理情報
B000001	図書館の世界	田久保久司	第六出版社	図書館	L0105
B000042	図書館学入門	花田隆	大学館	図書館情報学，教育	L0106
C001405	情報検索の全て	大木三郎	樹村房	情報検索	L0107
B000046	図書管理の道	棚橋哲治	第六出版社	情報管理	L0108
C023406	図書館を学ぶ	城山琢巳	樹村房	図書館，学習法	L0109
B000001	情報検索・管理技術	上野直一	大学館	情報検索，情報管理	L0110
C001405	情報検索を学ぶ	植村直樹	大学館	情報検索，学習法	L0111

図書番号	書名	著者名	出版社名	件名	管理情報
C023406	図書館を学ぶ	城山琢巳	樹村房	図書館，学習法	L0109
C001405	情報検索を学ぶ	植村直樹	大学館	情報検索，学習法	L0111

貸出番号	図書番号	貸出日	返却期日
0000005	C023406	2013/4/1	2013/4/15
0000007	C001405	2013/4/9	2013/4/23

利用者番号	氏名	郵便番号	住所	電話番号	E-mail
F10028D	山田太郎	001-9999	堺市西曲9-3-6	998-987-6543	abc@baboo.co.jp
FJ0034B	花村花子	005-9999	玉市玉堂寺96-8	998-876-5432	def@baboo.co.jp
FB0034A	佐藤次郎	008-9999	玉造玉堂寺96-8	998-765-4321	ghi@mifty.ne.jp
FH0042E	鈴木吾朗	009-9999	筆走麺町74-1	998-654-3210	jkl@mifty.ne.jp
FL0044C	山崎篤朗	105-9999	北岡市御守下5-12	998-543-2109	mno@baboo.ne.jp
FG0101N	齋藤治子	106-9999	川森市川田町7-3	998-432-1098	oqr@mifty.co.jp
FC0124Q	小泉祐子	107-9999	金剛山藤棚6-55	998-321-0987	stu@baboo.co.jp

利用者番号	氏名	郵便番号	住所	電話番号	E-mail	貸出番号	図書番号	貸出日	返却期日	返却日
FB0034A	佐藤次郎	008-9999	玉造玉堂寺96-8	998-765-4321	ghi@mifty.ne.jp	0000005	C023406	2013/4/1	2013/4/15	
FC0124Q	小泉祐子	107-9999	金剛山藤棚6-55	998-321-0987	stu@baboo.co.jp	0000007	C001405	2013/4/9	2013/4/23	

5-15図 「貸出記録」データを元にしたデータの組み合わせ

は指定しないこともありえる。

　利用者の登録や図書の受入のように，テーブルに対するデータの追加を行うという作業は，操作手順としては上記の INSERT 命令を実行するだけという単純なものであるが，実際の図書館システムでは，テーブルの設計時に必須項目としたフィールドに対する値がきちんと指定されているか，設定された範囲であるかなどをチェックしたり，図書番号などの項目を指定しなくても自動的に生成してくれるなど，さまざまな工夫がこらされ，使いやすくするためのしくみが備わっていることが多い。

　また，RDBMS の持つ高度な機能を用いてさまざまなトラブルを防ぐ工夫がこらされることも多い。例えば二人の担当者が共通のテーブルを更新しようとした場合，書き込みのタイミングがぶつかってしまった場合には正しくデータを追加できないことがある[24]。このような問題を解決するために RDBMS が持つテーブルロック機能を利用するなどはその例である[25]。

d．蔵書検索

　OPAC で行われる蔵書検索は，「図書館資料」テーブルを対象として条件に合致するレコードのみを抽出して表示するものである。本節第2項 c で示すように，RDBMS における「選択（select）」という操作は，この検索処理そのものともいえ，前述の SELECT という命令を用いて行うことができる。また「選択」と同時に「射影」も行って，選択したレコード中の必要なフィールドのみを出力すれば，より OPAC の機能に近いものとなる。例えば，著者名が樹村太郎である図書館資料を検索し，該当する資料の書名，著者名，出版者名のみを表示する場合には以下のような SQL 文を用いる。

24：一見不思議なことのように思われるが，RDBMS のテーブルを更新するためには，いったん元データを読み込んで修正後に書き込む方式をとり，また修正には一定の時間がかかることを考えれば理解しやすい。例えば，A があるレコードを修正している途中に B が同じレコードの違う部分を修正しようとした場合，A の修正と B の修正はどちらも正しくない物になってしまう。
25：2人の図書館員が入力作業を同時に終了してテーブル更新命令を実行した場合でも，どちらかのテーブル更新を行っている間は，別の人によるテーブル更新を行わずに待機しておき，先に行ったテーブル更新が終了してから実行するというしくみが必要となる。このしくみをデータベースのテーブルロック機能と呼ぶ。

図書番号	書名	著者名	出版者名	発行年	件名	管理情報
B000101	情報を管理する	樹村太郎	第六出版社	2028	情報管理	A0162
B000102	情報管理の必要性	山口博司	大学館	2030	学習法, 情報管理	A0163
B000103	図書館のつかいかた	樹村太郎, 森田浩一	第六出版社	2021	学習法, 図書館	A0164
B000104	図書館にある情報	樹村太郎	第六出版社	2035	図書館, 情報管理	A0165
B000105	図書館サービス概説	武田浩二	大学館	2036	図書館情報学, 教育	A0166
B000106	世界の図書館	田中一郎, 樹村太郎	第六出版社	2029	図書館	A0167
B000107	情報の活用	澤村晴彦	第六出版社	2025	情報検索, 情報管理	A0168

図書番号	書名	著者名	出版者名	発行年	件名	管理情報
B000101	情報を管理する	樹村太郎	第六出版社	2028	情報管理	A0162
B000103	図書館のつかいかた	樹村太郎, 森田浩一	第六出版社	2021	学習法, 図書館	A0164
B000104	図書館にある情報	樹村太郎	第六出版社	2035	図書館, 情報管理	A0165
B000106	世界の図書館	田中一郎, 樹村太郎	第六出版社	2029	図書館	A0167

書名	著者名	出版者名
情報を管理する	樹村太郎	第六出版社
図書館のつかいかた	樹村太郎, 森田浩一	第六出版社
図書館にある情報	樹村太郎	第六出版社
世界の図書館	田中一郎, 樹村太郎	第六出版社

5-16図　蔵書検索システムでのテーブル操作

SELECT 書名, 著者名, 出版者名 FROM 図書館資料
WHERE 著者名 LIKE '% 樹村太郎 %';

　この例では, 著者名フィールドに「樹村太郎」が含まれるレコードを「選択」し, 選択した結果から「書名」「著者名」「出版者名」という三つのフィールドのみを「射影」している。操作の手順を5-16図に示す。
　実際の図書館システムでは, さらに複雑な操作が行われることも多い。例えば, 図書館資料テーブルだけを対象とした検索を行うのではなく, 件名テーブルも作成して, 複数のテーブルを結合する形で結果を表示することもある。近年では, 数値や日時の範囲を指定する機能や, 近似語検索（文字列を構成する文字を, 何度編集すると別の文字列と一致するのかを指標とした編集距離などが利用されることもある）, 重み付け検索（複数の語を条件に使用する場合に, 特定の語の関連度を重視して検索する）などの, 応用的な検索機能を実装したシステムも出現している。

e. 図書館資料の貸出・返却

　図書館資料の貸出・返却処理は, b.で作成した「貸出記録」テーブル（5-3表）に対するレコードの挿入および更新作業で実現できる。すなわち,「貸出記録」テーブルで, 貸出番号を新しく生成するとともに, 貸し出された図書の図書番号と, 借り出した利用者の利用者番号, さらに貸出日と定められた返却期日を一つのレコードとして登録する。具体的には, 以下のSQL文を実行することで貸出が実行されることとなる。

INSERT INTO 貸出記録（貸出番号,利用者番号,図書番号,貸出日時,返却期日）
VALUES ('0000001','FJ0034B','B000001','2013/4/1','2013/4/15');

　また, 返却が行われた場合には該当する貸出レコードを条件式で検索し（例えば図書番号を指定するなど）「返却期日」フィールドに日付を追記するという更新処理を行うことで返却処理が実現できる。SQL文で示すと以下の通りとなる。条件に合致するデータの一部のフィールドの値だけを変更する場合には, UPDATEという命令を使用し, 変更するフィールド名とその値をSET

部分に指定する。

　　UPDATE 貸出記録 SET 返却日 = '2013/4/3' WHERE 図書番号 = 'FJ0034B';

　このように貸し出したレコードの返却日フィールドを変更するという方法で返却処理を行う以外に，貸出記録テーブル中の該当する貸出レコードそのものを削除してしまうという方法も考えられる。この場合にはSQL文は以下の通りとなる。

　　DELETE 貸出記録 WHERE 図書番号 = 'FJ0034B';

　ただし，このように返却と同時にレコードを削除した場合，何らかのトラブルが発生した時に対応できないほか，統計データを作成することもできなくなってしまう。そこで，レコードを削除する場合には単にレコードを削除するだけではなく，同時に別テーブルに該当するレコードを追加することなどの工夫をこらすなどが考えられる。

f．その他

　例えば，督促状の発送を行う場合には，「貸出記録」テーブルを元に，延滞している利用者の氏名・連絡先や，借りている図書の書誌事項などを表示する必要がある。また，図書の返却時に返却ミスを避けようとして貸し出されている図書の書名や利用者名を表示することも考えられる。しかし「貸出記録」テーブル中には書誌事項も利用者名も記録されていない。このような場合には複数テーブルを組み合わせ，「貸出記録」テーブル中の図書番号と一致する「図書館資料」テーブルおよび「利用者」テーブル中のレコードを抽出して組み合わせる「結合」が行われる。

（6）実際の図書館システムにおけるデータ管理高度化のしくみ

　実際の図書館システムでは，前節で述べた基本的なデータベース管理機能に加えて，さまざまな工夫が加えられている。例えば，RDBMSでは図書館資料などを表形式で管理しており，射影，選択，結合などの操作を行った結果も表形式で示されるが，実際の図書館OPACなどでは検索結果を必ずしも表の形

で表示するとは限らない。例えば，国立国会図書館サーチでは5-17図に示すように検索結果をリスト形式で表現し，さらに検索結果の絞り込みのためのリンクを左側に，また関連事項の検索のための情報などを右側に，あわせて表示している。また，検索結果の出力時だけではなく，図書レコードの入力時に表形式ではなく目録カードに擬した画面上で書誌事項を入力する図書館システムも多い。このように，実際の図書館システムでは，データの入出力に際しての画面設計に工夫がこらされている。

　各種の図書館業務での操作についても，本節5項で示した図書館システムの動作例は非常に単純な例を説明している。しかし，実際の操作内容は複雑であることが多い。図書の貸出・返却という操作だけを考えても，単純に「貸出記録」テーブルの更新だけが行われるのではなく，もっと複雑な処理が行われることも多い。例えば貸出時には「貸出記録」テーブル一つだけを用いて貸出を行うというのではなく，「図書館資料」テーブル中に貸出中であることを示すデータを記入してOPACで表示できるようにするなど多くの処理が一連の手

5-17図　国立国会図書館サーチの検索結果

続きとして行われることもある。このような場合，途中でトラブルが発生した時には，直前の操作だけではなく，一連の手続きの最初まで取り消すことが求められる。実用システムで必要となるこのような問題への対応も RDBMS は備えている[26]。

4. 図書館システムに対する新しい要求

図書館システムは，貸出や返却を中心とした図書館業務を効果的に行う機能を提供するだけではなく，近年では取り扱う資料の範囲の拡大，利用者支援機能の充実など，さまざまな点で新しいしくみが必要とされてきている。

(1) 図書館が取り扱う資料の拡大

長い間，図書館で取り扱う資料は紙媒体の印刷資料が中心であった。従来の図書館システムはこのような状況に対応することを目的として設計されており，図書および雑誌資料のみを取り扱うことが適切に行えれば十分とされてきた。しかし，近年，電子化された図書や雑誌，さらには元々デジタル形式で作成された資料についても紙媒体の資料と同様に利用者に提供することが求められるようになってきた。

例えば，公共図書館においては古文書や地域資料などのデジタル化が進められており，大学図書館においては所属する教員の研究成果等を保存し，公開する機関リポジトリの構築が進んできている。また，インターネット上には膨大な数の Web ページが存在しており重要な情報源となっている。白書のように従来は紙媒体で発行されていた資料が Web 上で公開されることも増えている。

現在でもデジタル形式の資料を取り扱うことができるシステムは多数存在し

26：RDBMS はこのような問題に対応するために複数の命令をひとまとまりの仕事として組み合わせたトランザクションを単位とした処理が行えるようになっていることが多い。これは，複数の命令が実行されてはじめて意味を持つ作業が何らかの原因により途中で実行されなくなってしまった場合などに，不完全な処理がデータベースの内容に悪影響を与えることを避けるためのしくみである。トランザクションの概念を導入することで，一連の操作が途中でとまってしまった時などに一連のデータ変更処理のすべてを取り消すことができるようになっている。

ている。ただし，問題は紙媒体の資料とデジタル形式の資料とを統合的に取り扱うことができるかどうかという点にある。従来の図書や雑誌などとデジタル形式の資料の両方に対応する書誌データ管理のしくみや，印刷資料と電子資料の統合的な検索を行うことができるシステムが求められているのである。

海外では，Kuali OLE プロジェクトや，OCLC の図書館マネジメントなど冊子体の目録情報と，電子コンテンツの両方を取り扱うことができる次世代図書館システムが数多く開発され，運用フェーズにはいってきている。日本においても紙媒体の資料とデジタル形式のデータを統一的に扱うことができる図書館システムが増えてきている。

このように幅広い範囲の資料を取り扱うことは，単に対象となる資料を登録すればいいということではなく，資料管理に関わる新たなしくみの導入も必要となる。従来の図書目録ではそれほど重視されてこなかった資料間の関連について効果的に取り扱うことも必要とされている。図書館資料の目録に関連性の概念を取り入れたFRBR（Functional Requirements for Bibliographic Records）や，検索結果を分析して新たな検索を導くファセット検索などは，その一例である。図書館システムで取り扱われるデータについては，このFRBRの考え方を取り入れた目録規則であるRDA（Resource Description and Access）の採用が検討されている[27]。

さらに，資料を検索するためのしくみも新たな試みが導入されつつある。例えば，Amazon の Inside This Book や Google Book Search においては，図書の全文を分析して，文中に登場する固有名詞や地名の分析を行っている。また，本文中に記載されているキーワードなどから関連する図書へのリンクの自動抽出，図書の読みやすさと専門性の解析なども行われはじめている。

（2）利用者支援機能の充実

オンライン書店や検索エンジンなどと比較して，OPAC の使い勝手が悪いというという評価を受けることも多い。その原因はさまざま考えられるが，検索結果の表示順序が必ずしも適切ではないことが多い，内容的に関連する資料

27：FRBR や RDA などについては，本シリーズ第 9 巻『情報資源組織論』の 6 章を参照されたい。

を提示する機能がない，キーワードサジェスト機能（検索語を途中まで入力した段階で候補となる語を提示する機能）を備えていない，適合資料がない場合に範囲を広げて探す機能が弱い，利用者に応じたきめ細かなサービスに対応していないことが多いなど，今後の図書館システムに期待される利用者支援機能が弱いことは，その要因の一つであろう。

これらのうち利用者に応じたサービスについては，一部のOPACでも利用者自身が登録した属性などに応じて表示内容を変えようとするMyLibraryや，利用者自身が文献複写や相互貸借の依頼を出せるようなMyOPACのような機能として少しずつ実現されてきている。また，図書館の利用者が図書館資料に対して自由にキーワードを付与するソーシャルタグ機能や，図書館資料の利用履歴等を用いて関連資料を推薦（リコメンド）する機能などの研究や開発も行われつつある。

図書館における利用者の図書利用行動とオンライン書店などにおいて購入する図書の選択行動とは異なる点も多く，必ずしもオンライン書店や検索エンジンで必要とされる利用者支援機能と，図書館システムが備えるべき機能は同じでないことが予想される。今後，図書館利用行動の分析が進み，図書館システムとして最適な利用者支援機能が開発されることが期待される。

（3）システム間連携の充実

近年のWebサービスにおいては，一つのサービスだけですべての範囲を取り扱おうとするのではなく，複数のサービスが連携して，より高度なサービスを行おうとする動きが急速に広がってきている。

一般に，Webサービスの利用者インタフェースは人間がWebブラウザを用いてアクセスすることを前提としていることが多い。複数のサービスが連携する場合には，これに加えてコンピュータプログラムによるアクセスを想定した別のしくみが必要となる。すなわち，人間がアクセスする場合とコンピュータプログラムがアクセスする場合では送受信する内容を変えるのである。例えば，人間がアクセスする場合には，送られてくるデータの前に，毎回この部分は著者名で，この部分は出版者名だというような項目名を付与しなくても内容で理解できることが多い（すべてのデータに項目名が付与されている方が見づらい

可能性も高い)。しかし，コンピュータプログラムではすべてのデータに項目名を付与しないと内容の把握が困難であることもありえる。また，人間がアクセスする場合には有効なページ飾りの画像などはコンピュータプログラムでは意味をなさない。そこで，人間がアクセスする場合には一般的なWebページの記述に用いられているHTML形式でデータを送り，コンピュータプログラムからのアクセスした場合にはXML形式でデータを送るなどの切り替えが行われる[28]。このようにコンピュータプログラム用に用意されたしくみをWeb APIと呼ぶ[29]。

このような図書館によるWeb APIの公開は新たな図書館サービスを生み出す可能性を持っている。例えば，図書館が蔵書検索システムをWeb APIを介して公開することは，他の図書館システムからの横断検索を容易にするほか，図書館以外の個人や企業が自分の興味ある図書の公開を毎日チェックするしくみなども簡単に実現できる可能性がある。また，図書館が独自にデジタル化した郷土資料などのデータをWeb APIを通じてダウンロードできるようにすることは，新たな形態の図書館資料の情報提供ともいえるだろう。

さらに，図書館が他のWebサービスが公開しているWebAPIの結果を取り込むということも想定される。例えば，図書の表紙画像や図書の書評などを公開しているWebサービスからデータを入手し，図書館OPACで利用するなどはその一例である。その他，書評サイトのデータなど各図書館の状況に応じてさまざまな連携の可能性があり，多様なサービス展開が期待される。

(4) オープンソース・ソフトウェア (Open Source Software：OSS)

近年，図書館システムにおける新しい動きとして注目されているのは，図書館システム自身をOSSとして開発しようとする動きである。OSSとは，自由な利用，修正，複製，再配布などを認めた上で，プログラムの実行ファイルだけではなく，ソースコード(開発者によってプログラム言語で記述されたファイル)も公開しているソフトウェアを意味する。

OSSが開発される理由はさまざまで，開発者や企業が技術力をアピールす

28：Webページの記述に関するHTMLやXMLについては本書3章を参照されたい。
29：Web APIの詳細については，本書7章3節で説明する。

る目的，サポート等のソフトウェアそのものの販売以外から得られる収益を期待する目的，公的機関などが開発費を負担して広く公益に供する目的など千差万別であるが，世の中には数多くのOSSが存在している。オペレーティングシステムのLinuxや，世界中で最も使われているウェブサーバ用ソフトウェアであるApache HTTPD，商用システムにも広く使われているRDBMSであるMySQLやPostgreSQLなど，世の中に大きな影響を与えたり無くてはならない存在となっているOSSも数多い。

　図書館システムに関してもニュージーランドで開発されたKohaやEvergreen, OpenILSなどの統合図書館システム，eXtensible Catalog, VuFindなどの利用者志向のOPACシステムをはじめとして，図書館用ソフトウェアをオープンソース・ソフトウェアとして開発するプロジェクトが世界中に存在する[30]。また，図書館用のオープンソース・ソフトウェアを開発しようとする人々や関心を持つ図書館員が集まるCode4Libが組織され，活発な活動を繰り広げている。日本においてもProject Next-Lの活動およびその成果として生み出された図書館システムNext-L Enjuなどがある[31]。また，オープン・ソースソフトウェアを開発する人々のコミュニティとしてCode4Lib JAPANも活動を開始している[32]。

　OSSの図書館システムは，すでに世界では少なくない数が実際に図書館に導入されている[33]。OSSの図書館システムに対して安価で高性能なシステムを期待する人も多い。また，OSSの図書館システムは，ディスカバリー・インタフェースやコンテンツ管理などの新しい図書館システムのしくみの開発を先導することに一定の役割を果たしてきたことも評価される。ただし，日本にお

30：図書館におけるオープンソースの利用については，以下を参照。
　　・兼宗進．"図書館システムとオープンソースの利用"．Current Awareness Portal. 2004, no.281, http://current.ndl.go.jp/ca1529，（参照2014-01-17）．
　　・高久雅生．図書館サービスとオープンソフトウェア．情報の科学と技術．2014, Vol.64, No.2, p.48-53.
31：Project Next-L. "Project Next-L". http://www.next-l.jp，（参照2014-02-20）．
32：Code4 Lib JAPAN. "Code4 Lib JAPAN　ライブラリー×ウェブの力を飛躍させる". http://www.code4lib.jp/，（参照2014-02-20）．
33：米国図書館協会(ALA)が行った2013年の図書館管理システムの市場調査では，OSS図書館システムは14％のシェアである。

いては専門図書館の一部や国立国会図書館の国会図書館サーチのベースに Next-L Enju が採用されている程度であり，それほど導入は進んでいない。日本における OSS 図書館システムに対しては期待もある一方，サポートなどを不安視する考え方もある．今後の動向が注目される．

（5）図書の全文を対象とした検索

　近年の図書館が行うサービスの範囲は，図書や雑誌の書誌情報をコンピュータ上に蓄積し，これを用いて貸出・返却・予約処理を行ったり，図書館 OPAC で書誌情報を対象とした検索結果を提示するだけにとどまらない．図書館自身が郷土資料や行政資料のデジタル化を行い，場合によってはテキスト化（画像データから文字を自動的に読み取って文書ファイルにすること．OCR などの技術が用いられる）を行う場合もある．さらに，その全文中からの検索を行うサービスを提供したり，機関リポジトリを構築して収集した資料全文中からの検索サービスを提供することも多くなってきている．そのため近年では，図書館システムに登録するデータとしても書誌事項だけではなく，図書のあらすじや，場合によっては全文のような長い文字列が考えられる状況になってきた．このような場合，文字列全文を対象として検索を行う機能が図書館システムにも求められることがある．

　すなわち，図書館においても定型データの処理を表形式で処理して検索や分析を行うという操作だけではなく，データベース中に蓄積されたデータ中に含まれた語句をキーとした検索などが行われることが求められるようになってきている．また，高速な全文検索を通じて蓄積されたデータの内容まで考慮にいれた分析なども行われる．

　全文を対象とした検索においては，対象とするデータの形式もさまざまであり，検索速度が速くないなどの点から RDBMS を用いることが最適ではないことも多い．

　このような問題点に対応するために，リレーショナル型以外の管理形式の DBMS を用いたり RDBMS に全文検索（Full Text Search）の機能を追加することが行われる．現在では，有償無償を問わず，このような全文検索用の機能を標準で備える DBMS も数多い．

a．転置検索

　全文を対象とした検索を行う際に最も簡単な方法としては，対象となる文章の内容を順次走査していく手法が考えられる。しかし，このような方法をとった場合，検索対象となる文字列量が増加するのに伴って，検索速度が低下してしまうため，大量の文字列を対象とする処理には適さない。そのため，転置索引（転置インデックス：Inverted Index）をあらかじめ作成しておき，これを用いて検索を行うという手法を用いることが多い。転置索引は，文章を対象とした検索を行う際に，その対象となるデータ中に出現する表現と，その場所との対応付けを行った索引である。図書の巻末につけられている索引と同様のしくみをコンピュータ上で実現したものと表現されることもある。全文を順に調べるよりもあらかじめ語を抽出してその存在場所を記録する方が高速であるのは図書の巻末索引の例からも容易に類推できるだろう。データ中に出現した語句を，出現場所順ではなく語句順に並べることから，「転置」という表現が使われている。5-18図に転置索引の例を示す。

　図書において本文を順に探すよりも，巻末索引を使った方が圧倒的に速く探すことができるように，転置索引を作成すれば全文データを順に探さなくても見出しテーブルだけを探せばよいため高速検索に大きく寄与することとなる。ただし，利用に先立って転置索引を作成しておく必要があるため事前の準備が必要となるほか，データが追加されるたびに索引の修正が必要となるという作成コストの問題がある。また，全文データ以外に索引ファイルの記録場所をコンピュータ上に確保する必要がある[34]。

b．見出し語の抽出法

　前項で述べる転置索引を用いる際には，その見出しとなる語句（索引語）をどのように選択するかが問題となる。一般に手作業で作成される図書の巻末索引とは異なり，膨大な量のテキストを対象とすることが多いコンピュータファイルでは，何らかのルールを用いた自動化が必須となる。このような自動化の手法としては，文章中で意味を持つ単位として索引語を設定することもあれば，意味的なまとまりに関わらず文字の単位で索引語を設定することもある。前者

34：全文データの量が多くなるほど索引の量も等比級数的に増加するため，大量のデータを対象とする場合は大きな問題となることもある。

検索対象となる全文データ

全文データ
資料ID：A34062
書　名：日本の図書館
著　者：大石力一郎

$\overset{1}{日}$本に$\overset{11}{お}$ける$\overset{21}{図}$書館の$\overset{31}{発}$達は明治$\overset{41}{維}$新と決して
無縁で$\overset{51}{は}$ない。当$\overset{61}{時}$の田中雄$\overset{71}{三}$……

全文データ
資料ID：B66325
URL：
http://sakura.co.jp/
pork.html

……有$\overset{601}{名}$な図書館と$\overset{611}{し}$ては南三陸$\overset{621}{台}$公園前図$\overset{631}{書}$
館があり，$\overset{641}{そ}$の館長$\overset{651}{の}$田中雄三$\overset{661}{…}$…

全文データ
資料ID：A362562
書　名：明治と文学
著　者：力石徹一郎

……当$\overset{10111}{時}$の文部科学$\overset{10121}{大}$臣であっ$\overset{10131}{た}$田中雄三$\overset{10141}{は}$，
図書館$\overset{10151}{の}$有効性$\overset{10161}{に}$ついて述$\overset{10171}{べ}$て……

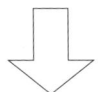

⬇

転置索引

見出し	資料ID	場　　所
田中雄三	A34062	63バイト目
	A36562	10133バイト目
	A66325	653バイト目
図書館	A34062	13バイト目
	A36562	10145バイト目
	A66325	601バイト目

5-18図　転置索引の例

の代表が形態素解析を用いる手法，後者の代表がN-gramを用いる手法である。

形態素解析は自然言語処理の手法を応用して文章を品詞ごとに分かち書きするもので，一般にコンピュータ上に蓄積された辞書との照合を行って分割される。一方N-gramは文章中に出現するN文字分の文字列を，意味のあるなしに関わらずすべて索引語として採用するもので，1文字の時を1-gram（monogram），2文字の時を2-gram（bi-gram），3文字の時を3-gram（tri-gram）と呼ぶこともある。5-19図に形態素解析で作成した転置インデックスとN-gramで作成した転置インデックスの例を示す。蓄積された全文データから，このように見出しを作成し，検索語も同様に分割して照合が行われる。

このような転置インデックスの見出し語をどのように作るかは，検索性能に大きな影響を与える。例えば，1-gramを用いた場合には出現するすべての語を対象とした検索が可能となるため検索漏れの問題はなくなるがノイズが数多く発生することとなる。これは2-gramの場合でも同様で，例えば「設計」と

例文：図書館の建設計画を公募する

形態素解析による見出し語

単語	品詞
図書館	名詞
の	助詞
建設	名詞
計画	名詞
を	助詞
公募	名詞
する	助動詞

↑ 見出し語

N-gramによる見出し語

N=1	N=2	N=3
図	図書	図書館
書	書館	書館の
館	館の	館の建
の	の建	の建設
建	建設	建設計
設	設計	設計画
計	計画	計画を
画	画を	画を公
を	を公	を公募
公	公募	公募す
募	募す	募する
す	する	する
る	る	る

↑ ↑ ↑ 見出し語

5-19図 形態素解析とN-gramによる単語の分割例

いう検索語に対して「建設計画」という語が含まれた図書が検索されてしまう。また，N-gramでNを大きくした場合には，実際には使われることがない文字列についても多数索引語として記録することとなるため，不必要に索引が大きくなってしまうという問題もある。

　これに対して形態素解析を用いた場合には，不必要な語句が見出し語とならないため相対的に索引が小さくてすむほか，上記のような誤った語句によるノイズの発生も少なくすることができる。また，動詞などの活用形で記録されている全文をその語の原形から検索することが可能となる。ただし，分かち書きを完全に正確に行うことは困難で，誤った解析が行われる例も多い。例えば，「畜産物価格安定法」という語が存在している場合，それをどこで区切るかは簡単ではない[35]。特に人名，専門用語，新語，造語，略語などについては形態素解析の辞書に存在しないことが多い。

35：この語は「畜産」「産物」「物価」「価格」「格安」「安定」「定法」と，どこで区切っても単語として成立してしまう。

6章　ネットワーク情報資源とメタデータ

1. メタデータ

(1) メタデータの概要

　ネットワーク上には，文書，画像，音声，動画など多種多様な情報資源が存在する。私たちは日常的に検索エンジン[1]やオンラインストアを使い，さまざまな情報資源やサービスなどを探し，アクセスし，評価し，利用し，場合によっては取引をする。この過程のさまざまな場面で，目的に応じたメタデータ（metadata）が利用されている。メタデータは一般に「データに関するデータ（data about data）」あるいは「データに関する構造化されたデータ（structured data about data）」と定義され，記述対象に関する「何か」を書いたものである（6-1図）。情報資源がネットワーク上に存在するかどうかや，記述の対象がデジタル化された情報資源か紙などの非デジタル情報資源かを問わず「何らかの対象に関する記述」はすべてメタデータと捉えることができる。目録，索引，抄録などは典型的なメタデータの例である。また，対象を識別するための名前（識別子），テレビの番組表，書評，レストランのメニューなどもメタデータである。
　書籍を例にメタデータを説明する。通常書籍の表紙には「タイトル」や「著者」といった書誌情報（＝メタデータ）記述されており，利用者は表紙を見て中身を判断し，例えば，「タイトル」は「吾輩は猫である」，「作者」は「夏目漱石」であるといった情報を得ている。仮に表紙（メタデータ）を真っ白にし

1：検索エンジンとは，ネットワーク上の情報資源を検索する機能およびサービスである。キーワードによって情報資源を検索する全文検索型（例：Googleウェブ検索）と，情報資源をカテゴリ分類したディレクトリ型（例：Yahoo！カテゴリ）に大別される。

```
┌─────────────┐         ┌─────────────┐         ┌─────────────┐
│メタデータ：情報│         │             │         │メタデータ：情報│
│資源について書│ ──────▶ │何らかの情報資源│ ◀────── │資源について書│
│いたもの     │         │             │         │いたもの     │
└─────────────┘         └─────────────┘         └─────────────┘
```

6-1図　メタデータの基本概念
メタデータは記述対象に関する「何か」を書いたもの

てしまうと，書籍を読んで内容を確かめなければ中に何が記述されているのかわからなくなってしまう。「タイトル」や「著者」といったメタデータの記述対象の特徴を表したものを属性（メタデータの記述項目）と呼び，その属性に付与された値を属性値と呼ぶ。メタデータは属性と属性値のペアの集合で記述される（6-1表参照）。

メタデータは情報資源を理解して利用するために，以下の役割を持つ。

6-1表　書籍のメタデータの記述例

属性	属性値
タイトル	吾輩は猫である
著者	夏目漱石
出版年	1905年

・識別：どのような情報資源が存在し，具体的に何を指すのかを他のものと区別するため
・記述：情報資源の実体を見なくても，それが何であるのかを理解するため
・発見：数多くの情報資源の中から，利用者の目的に合致するものを見つけるため
・入手：利用者の求める資源の所在や，入手方法を示すため
・管理：情報資源の構造や管理上の特徴を示し，資源の維持管理のための情報を提供する

（2）メタデータの記述対象

メタデータの記述対象は，情報資源と認められるものであれば，基本的にどのような実体であっても構わない。ネットワーク上の情報資源に加えて，論文，書籍，写真，地図，DVD，ソフトウェアといった物理的な資料から，資料の集まり（コレクション），人，組織，サービス，イベント（事象），ことばや概念といったものもメタデータの記述対象となる。また，記述対象となる情報資

源が一つの物理的な実体である必要はなく，一つの記述対象として扱える実体であればよい。例えば，1冊の図書の1ページや，章や節といったまとまりをメタデータの記述対象ととらえることができる。どのような実体を記述対象とするのかは，メタデータの記述目的や利用目的によって決まる。

また，メタデータ自身もメタデータの記述対象となりうる。例えば，メタデータの「作成者」や「作成日時」は，メタデータのメタデータ，すなわちメタメタデータである[2]。

(3) メタデータの種類

情報資源の特徴を表す属性（メタデータの記述項目名）は，利用目的によって分類することができる。Understanding Metadata[3]では，属性を目的にあわせて，記述メタデータ（descriptive metadata），構造メタデータ（structural metadata），管理メタデータ（administrative metadata）の三つに分類している。記述メタデータは主として情報資源の発見と識別に用いることを目的としたものである。例えば，タイトル，著者，抄録，件名といった属性である。構造メタデータは情報資源の形状的特性に関する内容の記述である。管理メタデータは，保存（preservation）や権利（rights）の管理など情報資源の管理にかかわる内容の記述を目的としたものである。

(4) 身近なメタデータの例

私たちが普段利用している Web サービスや文書の中では，さまざまなところでメタデータが利用されている。ここでは，実際に使用されているメタデータをいくつか紹介する。

(1) 国立国会図書館サーチ[4]

国立国会図書館サーチ（NDL サーチ）は，国立国会図書館をはじめとした，

2：原理的にはメタメタメタデータもメタメタメタメタデータもあり得るが，通常はメタメタデータまでしか使われず，メタメタデータも単にメタデータと呼ばれることが多い。
3：NISOpress. "Understanding Metadata". NISOWebsite. PDF, http://www.niso.org/publications/press/UnderstandingMetadata.pdf，(access 2014-01-17).
4：国立国会図書館. "国会図書館サーチ". 国立国会図書館 Web サイト. http://iss.ndl.go.jp/，(参照2014-01-17).

1. メタデータ | 145

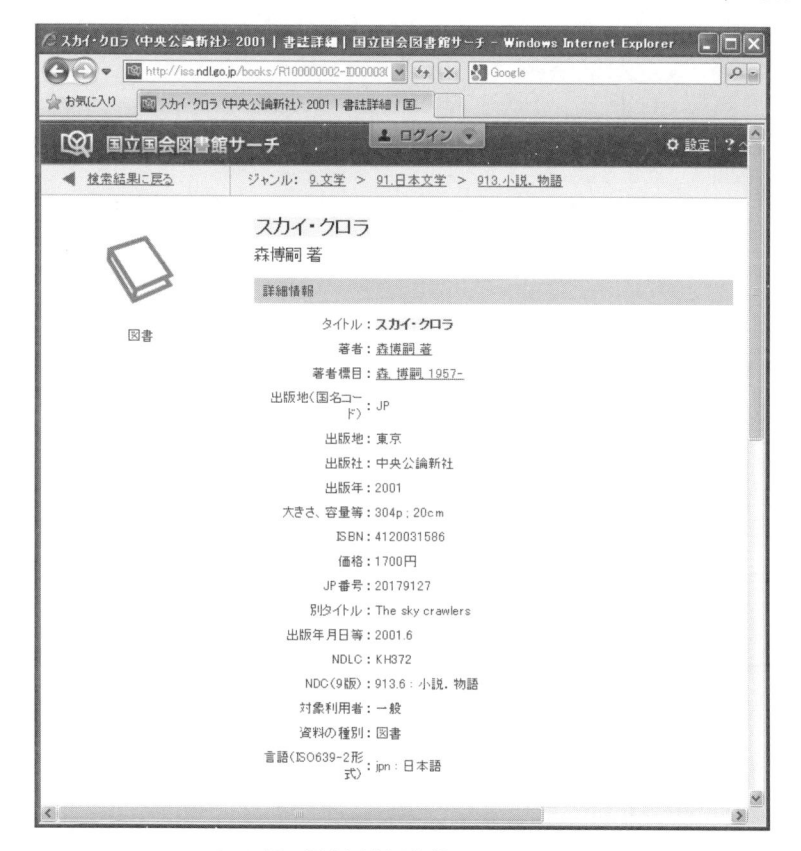

6-2図 国立国会図書館サーチの利用例

全国の公共図書館，公文書館，美術館や学術研究機関等が持つ豊富な情報資源（図書，論文，新聞，デジタル資料，レファレンス情報など）の検索システムである。NDLサーチの利用例を6-2図に示した。

(2) CiNii[5]

CiNii（サイニィ）は，論文や図書・雑誌などの学術情報を検索できるデータベースサービスである。6-3図に示したWebブラウザ上に検索結果のメタデータを表示することに加えて，さまざまな形式（RefWorks, TSV, 後述

5：CiNii. "CiNii Articles". http://ci.nii.ac.jp/, (参照2014-01-17).
　　CiNii. "CiNii Books". http://ci.nii.ac.jp/books/, (参照2014-01-17).

6-3図 CiNii の利用例

の RDF/XML など）でメタデータを出力することができる。

(3) HTML 文書中に埋め込まれたメタデータ

HTML 文書中（Web ページ中）にメタデータを記述するさまざまな方法が提案されている。これら埋め込まれたメタデータは，検索エンジンなどの検索結果表示（スニペット）に，より多くの情報を表示するために利用される。また，後述の「リンクするデータ」においても活用される。DC-HTML[6]は，本章3節で述べる Dublin Core の語彙を使い，HTML の header 要素にメタデータを記述する手法である（6-4図）。RDFa[7]，Microdata[8]，Microformats[9]は，さまざまなメタデータ語彙を用いて HTML の body 要素にメタデータを埋め

6：Johnston, Pete; Powell, Andy. "Expressing Dublin Core metadata using HTML/XHTML meta and link elements". Dublin Core Metadata Initiative. http://dublincore.org/documents/dc-html/, (access 2014-01-17).

```
<html>
  <head profile="http://dublincore.org/documents/2008/08/04/dc-html/">
    <title>Services to Government</title>
    <link rel="schema.DC" href="http://purl.org/dc/elements/1.1/">
    <meta name="DC.title" content="Services to Government">
  </head>
  <body>
  </body>
</html>
```

6-4図 DC-HTMLを使ったメタデータの記述例

```
<html>
  <head> ... </head>
  <body vocab="http://purl.org/dc/terms/">
    ...
    <h2 property="title">Service to Government</h2>
    <p>Date：<span property="created">2011-09-10</span></p>
    ...
  </body>
</html>
```

6-5図 RDFaを使ったメタデータの記述例

込む手法である。RDFaの記述例を6-5図に示した。

(4) Exif[10]

Exif（Extensible image file format）はデジタルカメラ等で撮影した画像デ

7：Herman, Ivan ; Adida, Ben ; Sporny, Manu ; Birbeck, Mark. "RDFa 1.1 Primer : Second Edition". W3C Working Group Note. http://www.w3.org/TR/xhtml-rdfa-primer, (access 2014-01-17).

8：Hickson, Ian. "HTML Microdata". W3C Working Group Note. http://www.w3.org/TR/microdata/, (access 2014-01-17).

9："Microformats". http://microformats.org/, (access 2014-01-17).

10：AV&IT標準化委員会."ディジタルスチルカメラ用画像ファイルフォーマット規格". JEITAWebサイト. http://www.jeita.or.jp/japanese/standard/book/CP-3451B_J/,（参照2014-01-17）.

ータに，撮影条件に関するメタデータを追加して保存するため画像ファイル形式の規格である。6-6 図に示したように，撮影された日時，位置情報や，撮影した機材の情報といったメタデータを記述することができる。

2．メタデータスキーマ

(1) メタデータスキーマの概要

これまで述べたように，メタデータは記述対象に関する「何か」を書いたものである。情報資源に関してどのよ

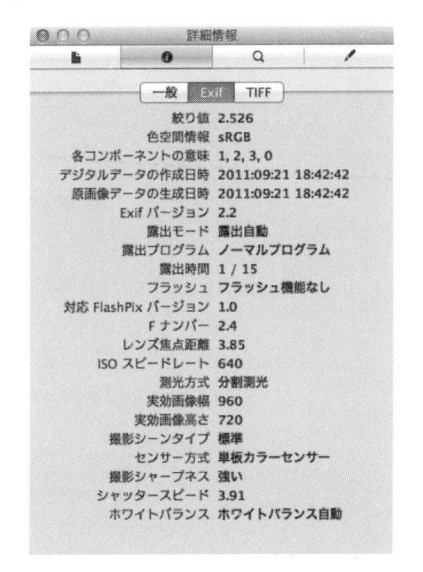

6-6図　Exif の記述例

うな項目を記述すべきであるのかは目的によって異なる。このような，メタデータの目的に応じて，記述対象が持つさまざまな属性をどのような構造で記述するかを定めたものをメタデータスキーマと呼ぶ。メタデータを作成・運用するコミュニティは，どのようなメタデータ記述項目を用意するのか，属性名は何にするのか，属性値にはどのような値を記述するのか，構造はどうするのといったことをメタデータスキーマで決めている。

6-7 図は，6-1 表に示した書籍のメタデータを XML 形式で記述した例である。人は 6-7 図から，「タイトル」が「吾輩は猫である」で，「著者」が「夏目漱石」であることがわかる。それは「タイトル」や「著者」といった項

```
<書誌情報>
  <タイトル>吾輩は猫である</タイトル>
  <著者>夏目漱石</著者>
  <出版年>1905年</出版年>
</書誌情報>
```

6-7図　書誌のメタデータを XML 形式で記述した例

目の役割を知っているからである。しかし，コンピュータが「タイトル」や「著者」から，「吾輩は猫である」という文字列や「夏目漱石」が何を表しているのか理解することは難しい。第三者やコンピュータがメタデータを利活用するためには，メタデータを公開するだけではなく，メタデータがどのような規則で記述されているのかを示したメタデータスキーマを明示する必要がある。

（2）メタデータスキーマの基本要素

メタデータスキーマでは，メタデータの記述に用いる項目（例えば「タイトル」「著者」）と記述する値のための統制語（例えば件名標目や日付の書き方）の定義の上に，それぞれの記述項目は必須か任意かといった応用ごとに決まる構造的制約を定義する。さらにメタデータを実現するために，何らかの具体的実現形式を決め，システムで利用する。メタデータスキーマは以下の要素から構成される。

①メタデータ語彙……プロパティの語彙とクラスの語彙の総称（詳細は次節参照）。

②構造的制約……属性値記述の省略可能性や繰り返し条件など，メタデータの構造的制約。構造的制約は具体的なシステム上でのメタデータの実現形式に依存しない。

③具体的表現形式……システム上でのメタデータの具体的表現形式。

さらに，メタデータの記述の際に，④メタデータ記述者に与えられるメタデータ記述のためのガイドラインが必要となる。大まかにいって，メタデータスキーマはこれら①〜④の要素で構成される。

（3）メタデータ語彙

メタデータ記述に用いる項目名や情報資源のタイプ（型）を定義したものをメタデータ語彙と呼ぶ。メタデータ語彙は，メタデータの記述対象が持つ特徴（属性）に名前をつけて表現したプロパティと，記述対象のタイプや分類を記述するためのクラスに大別される[11]。

11：具体的なメタデータ語彙については本章3節を参照。

①プロパティ……プロパティ（Property）はメタデータの記述対象が持つ特徴の一つに名前をつけて表現したものである。後述するDublin Core Metadata Element Set（Simple DC）という幅広い領域の情報資源のためのメタデータ語彙では，title, creator, publisherといった15のプロパティを定義している。

②クラス……本章1節「メタデータの概要」で述べたように，情報資源のタイプはネットワーク上のデジタル情報資源から，レストランのメニューや新聞のテレビ番組表などさまざまである。メタデータの識別や発見のためには，それら情報資源を分類，もしくは種類分けすることが求められる。この情報資源のタイプや分類のことをクラス（Class）と呼び，一般には，汎化・特化関係等を用いて体系化される。後述する，人とその活動を記述するメタデータ語彙であるFOAF（Friend Of A Friend）では，Person, Group, Organizationといったクラスを定義している。

（4）メタデータ語彙とアプリケーションプロファイル

本章2節2項ではメタデータスキーマを構成する四つの要素について述べた。従来のメタデータの場合，コミュニティや組織内での目的に合わせたメタデータスキーマ設計が行われることが多く，メタデータスキーマを構成する要素（特に「メタデータ語彙」と「構造的制約」）は一体的に定義されてきた。しかし実際には，他のコミュニティでも同様のメタデータ語彙（プロパティやクラス）を定義していることが多く，領域を越えたメタデータの相互運用を図るためには，可能な範囲で標準的なメタデータ語彙を利用することが望ましい。一方，他のコミュニティで定義されたメタデータ語彙を利用する場合，語彙はそのままに，構造的制約を部分的に変更したいこともある。

メタデータ語彙定義と構造的制約の定義を分離することで，メタデータの相互運用性を高めることが可能になる。複数のメタデータ語彙定義から，応用（アプリケーション）ごとに必要なものを選択し，構造的制約を定義する考え方をアプリケーションプロファイル（Application Profile）と呼ぶ（6-8図）。

アプリケーションプロファイルは，2007年にシンガポールで開催されたDublin Core Metadata Initiative（DCMI）の国際会議において検討され，「シ

```
        メタデータ語彙A              メタデータ語彙B
```

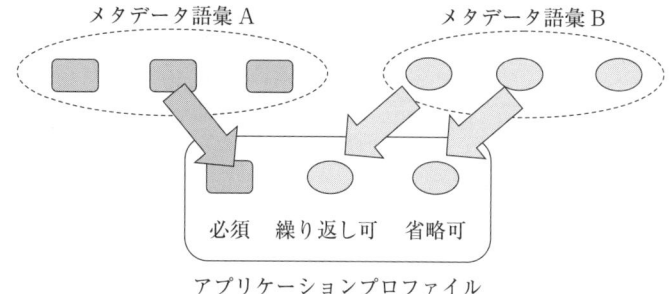

6-8図 アプリケーションプロファイルの概念

ンガポールフレームワーク」として文書化された[12]。

3．代表的なメタデータ語彙

(1) Dublin Core Metadata Element Set[13]

　汎用性の高いメタデータ語彙として DCMI[14]によって定義された Dublin Core Metadata Element Set（DCMES，シンプル DC とも呼ばれる）がある[15]。DCMES では，6-2表に示したできるだけ幅広い領域の情報資源を記述できる「コア」なメタデータ語彙として15のプロパティを定義している。シンプルで基本的なプロパティに限定しているが，必要であれば DCMES を基盤にして拡張ができる柔軟性を定義している。

12：Nilsson, Mikael ; Baker, Thomas ; Johnston, Pete. "The Singapore Framework for Dublin Core Application Profiles". Dublin Core Metadata Initiative. http://dublincore.org/documents/singapore-framework, (access 2014-01-17).
13：DCMI Usage Board. "DCMI Metadata Terms". Dublin Core Metadata Initiative. http://purl.org/dc/elements/1.1/, (access 2014-01-17).
14：Dublin Core Metadata Initiative. http://dublincore.org/, (access 2014-01-17).
15：名前の由来は，第1回ワークショップがオハイオ州ダブリンにある OCLC で開催されたことによる。

6-2表 Dublin Core Metadata Element Set で定義している15のプロパティ

プロパティ	定義
title	タイトル．リソースに与えられた名称
creator	作成者．リソースの内容の作成に主たる責任を負う個人や団体
subject	主題．リソースのトピック
description	内容記述．リソースの内容の説明，記述
publisher	公開者．リソースの公開に対して責任を負う個人や団体等
contributor	寄与者．リソースの内容に何らかの寄与や貢献をした個人，団体等
date	日付．リソースのライフサイクルにおける何らかの出来事に関係する日付
type	資源タイプ．リソースの内容の性質やジャンル
format	フォーマット．リソースの物理的形態またはデジタル表現形式
identifier	資源識別子．リソースを一位に識別する識別子
source	出処．リソースが派生するに至った元のリソースへの参照
language	言語．リソースの内容表現に用いられている言語
relation	関連．関連するリソースへの参照
coverage	時空間範囲．リソースの内容が表す範囲または領域
rights	権利情報．リソースに関わる権利情報

（2）Dublin Core Metadata Terms[16]

　DCMESはシンプルな「コア」であることを目指して15のプロパティを定義することにとどめ，より詳細な記述のためにプロパティを拡張できるようにした。しかし「作成日」や「更新日」といった頻繁に用いるプロパティをコミュニティごとに拡張するとメタデータの相互運用性を高めることができなくなってしまう。そこでDCMI自身が基本語彙を精緻化し，より詳細なメタデータ記述が可能な拡張を行ったメタデータ語彙 Dublin Core Metadata Terms を定義した。6-3表に Dublin Core Metadata Terms の主要な語を挙げた。

16：DCMI Usage Board. "DCMI Metadata Terms". Dublin Core Metadata Initiative. http://purl.org/dc/terms/, (access 2014-01-17).

3．代表的なメタデータ語彙 | 153

6-3表 Dublin Core Metadata Terms で定義している主なプロパティ

DCMES のプロパティ	DC Terms で拡張されたプロパティ	定義
title	alternative	その他のタイトル
date	created	作成日
	valid	有効期限／期間
	available	利用可能日／期間
	issued	正式刊行日
	modified	更新日
	dateAccepted	受理日
	dateCopyrighted	著作権発効日
	dateSubmitted	提出日
format	extent	分量
	medium	媒体
relation	isVersionOf, hasVersion	バージョン
	isReplacedBy, replaces	置換
	isRequiredBy, requires	要件
	isPartOf, hasPart	部分
	isReferencedBy, references	参照
	isFormatOf, hasFormat	別フォーマット
	conformsTo	準拠

(3) FOAF[17]

　メタデータ記述には，著者や作者といった人物に関する記述がよく登場する。FOAF は，人とその活動に関する情報を記述するためのメタデータ語彙である。FOAF は人物だけではなく，人物に関連する情報資源を記述することを念頭に置いている。そのため人物の所属する組織や，その制作物である文書・写真を表現するためのクラスが準備されている（6-4表）。それぞれのクラスの情

17： "The Friend of a Friend project". foaf project. http://www.foaf-project.org/, (access 2014-01-17).

6-4表 FOAFが定義するクラス

クラス	説明
Agent	人間，グループ，ソフトウェアなど「ある行為をする能力のある人（もの）」の総称
Person	人物。在命中，故人，あるいは想像の人物であっても「人」であればよい
Organization	組織。会社，協会など社会的な Agent を表す
Group	グループ。Agent の集合体で，それ自身も Agent とみなすことができる
Document	文書。画像の文書のサブクラスとして捉える

6-5表 FOAF の Agent クラスが持つプロパティの一覧

プロパティ	説明
name	名前（人に限らず使用できる）
nick	ニックネーム。IRC やオンラインサービスでのハンドル名やログイン名など
gender	性別
homepage	ホームページ
made	この人が作成したもの。maker の逆
maker	このリソースを作った人，グループなど
birthday	誕生日
interest	関心を持っていることに関するページ
member	リソースのメンバーであることを指す

報資源を記述するためのプロパティも定義している。6-5表は FOAF で人（Agent）のプロフィールを記述するための主要なプロパティである。

4．Linked Data（リンクするデータ）

従来の Web は HTML 文書間のハイパーリンクを人がたどる「文書の Web」

であった．それに対し Semantic Web では，HTML 文書にメタデータとして意味（セマンティクス）を与え，「データのウェブ」と呼ばれるコンピュータ処理可能なデータが連動する情報空間の構築を目指している．近年，Semantic Web の活動の中で行われている Linked Data は，構造化されたデータ（メタデータ）をネットワーク上に公開し，それらメタデータを意味付きリンクによって連携させる取り組みである．以下はティム・バーナーズ＝リー（Tim Berners-Lee）が示した，Linked Data としてデータを公開する際の4原則である[18]．

①ものごとの名前として URI を使うこと
②名前について調べられるよう，HTTP URI を使うこと
③URI を調べた場合，RDF や SPARQL といったウェブの標準技術を使って有益な情報を提供すること
④より多くのものごとを発見できるように他の URI へのリンクを含めること

2007年に始まった LOD（Linked Open Data）プロジェクトは，オープンライセンスのデータセットを Linked Data の4原則に基づいて RDF に変換し公開することを目的としている[19]．6-14図は LOD クラウドと呼ばれ，2011年9月時点で公開されていたデータセットとそのリンク関係を表している．2007年5月に公開された LOD クラウドに含まれるデータセット数は12であったが，2011年9月版のデータセット数は295と大幅に増えている[20]．

LOD クラウドには Wikipedia を Linked Data 化した DBpedia をハブとして，メディア，地理情報，出版，ユーザ生成コンテンツ，政府，クロスドメイン，生命科学といったさまざまな分野のデータセットが含まれている．

18："Linked Data：Design Issues". World Wide Web Consortium（W3C）. http://www.w3.org/DesignIssues/LinkedData.html, (access 2014-01-17).
19："Linking Open Data". World Wide Web Consortium（W3C）. http://www.w3.org/wiki/SweoIG/TaskForces/CommunityProjects/LinkingOpenData, (access 2014-01-17).
20："State of the LOD Cloud". http://lod-cloud.net/state/, (access 2014-01-17).
21："LOD CLOUD COLARED". The Linking Open Data cloud diagram. http://lod-cloud.net/versions/2011-09-19/lod-cloud_colored.html, (access 2014-01-21).

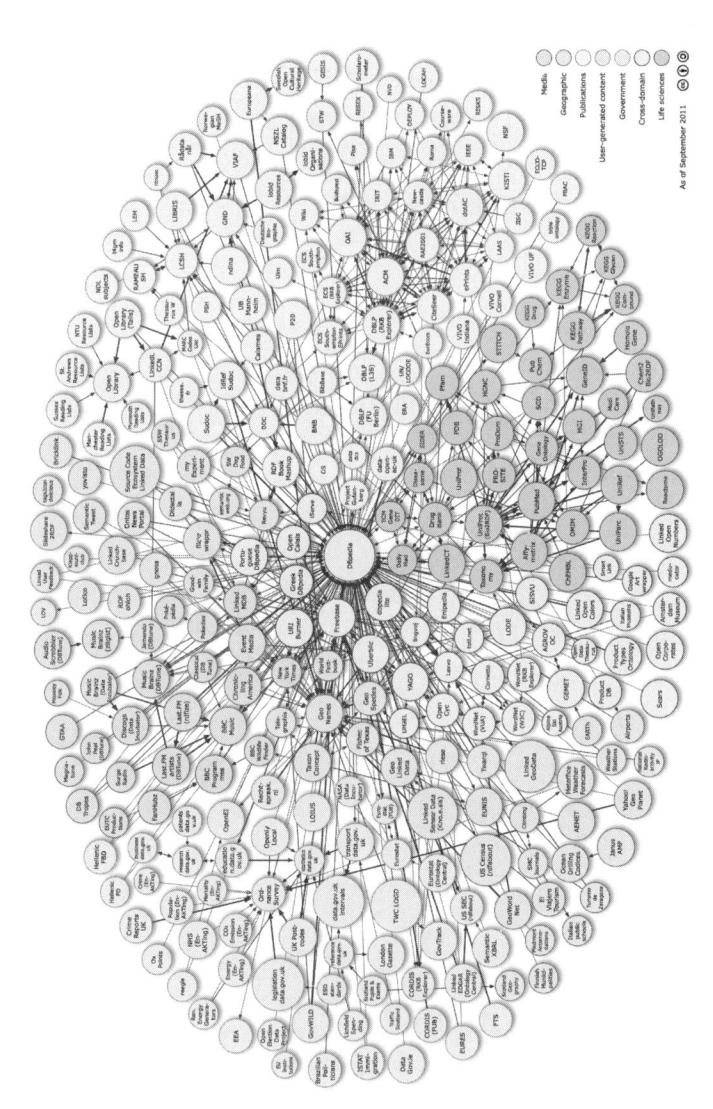

6-14図 LODクラウド（2011年9月時点）21

7章 図書館サービスにおけるネットワーク情報資源の利用

3章で述べたように,現在の図書館ではネットワークを通じたさまざまな情報発信や図書館サービスの提供を行っている。近年では国立国会図書館サーチのように他の機関が提供する情報資源やメタデータを横断的に検索するサービスの提供や,複数の機関がネットワーク上に提供している情報資源を組み合わせて新たなサービスを構築(マッシュアップと呼ばれる)することも行われている。本章では,図書館サービスにおけるネットワーク情報資源の提供と,メタデータを記述し横断的に利用するための枠組みである Resource Description Framework(RDF)について講じる。また,ネットワーク上のサービスを利用するためのしくみである Web API についても述べる。

1. ネットワーク情報資源の提供

3章で述べたように,現在ではWebを利用した情報発信が手軽に行えるようになった。図書館においても,利用案内から所蔵する資料の公開,またCGI[1]を利用した蔵書検索サービスまで多様な情報資源がネットワーク上に提供されている。2000年ごろから始まった Semantic Web の活動やリンクするデータ(Linked Data)の利用の広がりに伴い,近年では,人が利用するだけではなくプログラムからも利用しやすい XML や後述の RDF といった形式でネットワーク上に情報資源が提供されるようになってきた。

公開されている情報資源の種類は多岐に渡る。図書館の世界では5章で述べた SRU/SRW を利用した所蔵資料の検索機能提供や OAI-PMH によるメタデータの公開に加えて,近年ではプログラムが扱いやすい形式で記述した典拠デ

1:"The Common Gateway Interface (CGI) Version 1.1". http://tools.ietf.org/html/rfc3875, (access 2014-01-18).

ータの公開も始まっている。国立国会図書館は，2009（平成21）年からシソーラスを記述するためのSKOS形式[2]で記述した件名典拠の試験提供を始め[3]，2012（平成24）年からは著者名典拠を含めたすべての典拠データをネットワーク上に公開している（7-1図）。

　図書館以外に目を向けてみると，6章で述べたリンクするデータの世界では，メディア，音楽，地理，出版，行政，生命科学など，さまざまな分野の情報資源のメタデータが提供されている。さらに，それらメタデータがWikipediaの情報をRDF化したDBpedia[4]を中心に結びついており，メタデータからメタデータへとリンクをたどることができ，その利用価値が高まっている。日本でも，CKAN日本語[5]や経済産業省のOpen DATA METIプロジェクト[6]において，行政や地方公共団体に限らずさまざまなコミュニティが作成したメタデータが公開されるようになってきた。

7-1図　Web NDL Authorities　が提供する件名標目

2："Simple Knowledge Organization System". World Wide Web Consortium (W3C). http://www.w3.org/2004/02/skos/, (access 2014-01-18).
3：国立国会図書館. "Web NDL Authorities". http://id.ndl.go.jp/auth/ndla, （参照 2014-01-17）.
4："DBpedia". http://dbpedia.org/, (access 2014-01-18).
5："CKAN日本語". http://data.linkedopendata.jp/, （参照2014-01-18）.
6："Open DATA METI：データセットを検索する". Open DATA METI Webサイト. http://datameti.go.jp/data/, （参照2014-01-18）.

上に述べたような比較的大規模な情報資源だけではなく，RSS や Atom を使った，各館ごとの新着図書やイベントに関するニュースの配信も行われている．7-2 図は，筑波大学附属図書館が提供しているサービス「つくばリポジトリ」の更新情報の RSS（一部）である．図中の item 要素一つがニュース 1 個分にあたり，それぞれの item 要素はタイトル（title 要素），ニュースへのリンク（link 要素），概要（description 要素），更新日（pubDate 要素）を持つ．RSS と Atom は，主に Web サイトの更新情報を見出しや要約とその情報資源へのリンクとともに標準的な形で配信するための規格である．主にフィードリーダと呼ばれる閲覧用のアプリケーションやオンラインサービスを利用して各ウェブサイトの更新情報をまとめて閲覧するために利用される．XML を使っ

```xml
<?xml version="1.0" encoding="UTF-8"?>
<rss version="2.0">
<channel>
  <title>Tulips-R：Tsukuba Repository</title>
  <link>https://www.tulips.tsukuba.ac.jp/portal/tulips-r.php</link>
  <description>Repository of University of Tsukuba（Library）</description>
  <language>ja</language>
  <copyright>Copyright, University of Tsukuba Library</copyright>
  <item>
    <title>A geographical study on urban migration in the Kanto region</title>
    <link>http://hdl.handle.net/2241/6926</link>
    <description>The author owes endless gratitude to many persons…</description>
    <pubDate>2013-09-26T05：39：38Z</pubDate>
  </item>
  <item>
    <title>Efficient algorithms for memory and processor allocation in parallel processing systems</title>
    <link>http://hdl.handle.net/2241/6283</link>
    <description>In this dissertation,optimal memory and processor allocation algorithms…</description>
    <pubDate>2013-09-27T06：09：44Z</pubDate>
  </item>
      …
</channel>
</rss>
```

7-2図　RSS 形式で提供される「つくばリポジトリ」の更新情報

て記述されており，各種プログラム言語でソフトウェアライブラリが提供されていることから，プログラムの中で再利用することも簡単である。

2．RDF：メタデータ記述のための枠組み

各組織がバラバラな形式で情報資源のメタデータを記述していては，メタデータを共有し相互利用性を高めることは難しい。ネットワーク上の多様な情報資源のメタデータを記述し，共通に理解・利用するためのデータモデルや表現形式が求められる。まず本節では，情報資源を識別するための URI と異なるメタデータ語彙を組み合わせて利用するための名前空間について述べる。その後，メタデータを記述するための枠組みとして広く用いられている RDF について概説する[7]。

（1）URI：情報資源の識別子

URI[8]は一定の書式によって情報資源を一意に指し示すための識別子である。主として Web ページを識別するための URL とは異なり，URI は指し示すものが存在することは保証していない。URI は概念を区別するための名前と捉えられる。RDF では URI 参照を用いて情報資源の名前付けをおこなう。URI で識別する情報資源は，ネットワーク上に存在する HTML ページ，画像，動画といったコンテンツだけではなく，実世界における書籍，人物，ことばや概念，イベントといったものでも構わない。以下は簡単な URI の例である。

　　http://www.tsukuba.ac.jp/research/index.html

7：本節の内容を超える技術や知識については以下を参照されたい。
　Manola, Frank；Miller, Eric. "RDF Primer". World Wide Web Consortium (W3C) . http://www.w3.org/TR/rdf-primer/，(access 2014-01-22).
　神崎正英．セマンティック・ウェブのための RDF/OWL 入門．森北出版，2005，224p．
　神崎正英．セマンティック HTML/XHTML．毎日コミュニケーションズ，2009．415p．
8："Uniform Resource Identifier (URI): Generic Syntax". The Internet Engineering Task Force. http://www.ietf.org/rfc/rfc3986.txt, (access 2014-01-18).

このURIは以下の部分から構成されている。

　URIスキーム：http
　　ホスト名：www.tsukuba.ac.jp
　　　パス：/research/index.html

　URIはURIスキーム（URI Scheme）で始まり，一般的にURIが利用するプロトコルを示している。上記のURIではHTTP（RFC2616）によって情報資源にアクセスできることがわかる。URIスキームに続いて，ホスト名（例ではwww.tsukuba.ac.jp）[9]とそのホストの中での階層を示すパス（例では/research/index.html）が続く。URIスキームはIANAによって定義されており，http以外の代表的なURIスキームにはhttps, ftp, telnet, mailtoといったものがある[10]。

　WebサービスやCGIに検索キーワードなどの動的に決まる値を渡す場合は以下のように，URIにクエリパラメータを記述することもできる。

　http://example.com/search?q=library&num=100

　クエリパラメータはパスの後ろに区切り文字「?」を付け，続けて「名前＝値」の形式で記述する。クエリが複数ある場合は，「&」を使って連結する。上記の例では，パス（/search）の後ろに続く，q=libraryとnum=100がクエリである。

　なお，URIでは，ASCII文字のサブセットと一部の記号以外の使用を認めていないため，漢字や仮名といった日本語をURIの一部としてそのまま使うことはできず，パーセントエンコードする必要がある。例えば日本語版Wikipediaの「図書館」の記事のURIは，「図書館」という文字列をパーセントエンコードした「http://ja.wikipedia.org/wiki/%E5%9B%B3%E6%9B%B8%

9：URIスキームがhttpとhttpsの場合，ホスト名＝Webサーバである。
10："Uniform Resource Identifier (URI) Schemes". Internet Assigned Numbers Authority. http://www.iana.org/assignments/uri-schemes/uri-schemes.xhtml, (access 2014-01-18).

E9％A4％A8」である[11]。国際化識別子 IRI（Internationalized Resource Identifier）は URI を拡張したもので，Unicode を含むことができ，日本語をそのまま含めることができる。またパーセントエンコードする必要はない[12]。

（2）名前空間（Namespace）：名前の衝突を防ぐしくみ

6章で述べたように，これまで多様な目的に合わせたメタデータ語彙が設計されている。実際のメタデータの記述では既存のメタデータ語彙を組み合わせて利用することが多い。例えば，メタデータ記述のための基本的な語彙として Dublin Core Metadata Terms（以下 DC Terms），人物や組織とその関係について記述するためには FOAF などが利用される。しかしながら，複数のメタデータ語彙を単純に組み合わせるのでは名前が重複してしまう可能性がある。例えば，「title」という名前のプロパティを，DC Terms では「題名」を記述する属性として定義し，FOAF では「称号（Mr, Mrs, Ms, Dr など）」として定義している。DC Terms と FOAF を組み合わせた場合，単に「title」と記述しただけでは，どちらのメタデータ語彙で定義されたプロパティであるのか識別することができない。名前空間（Namespace）は XML 文書の中で名前の衝突を気にせずさまざまなタグセットを組み合わせて利用するためのしくみである[13]。次節で述べる RDF においてもメタデータ語彙で定義されたプロパティやクラスをネットワーク上で一意に識別するために名前空間を利用している。

名前空間のしくみはシンプルである。語彙（タグセット）の定義に URI を割りあてる。例えば，DC Terms には「http://purl.org/dc/terms/」が，FOAF には「http://xmlns.com/foaf/0.1/」という名前空間 URI が与えられている。名前空間 URI と語彙の中で決められたプロパティの識別子を組み合わ

11： URI として使用することができない文字を利用する際に用いるエンコード方式の名称である。Firefox や Chrome といった Web ブラウザでは，パーセントエンコードされた文字列を人がわかり易いように「http://ja.wikipedia.org/wiki/図書館」と変換して表示している。

12： "Internationalized Resource Identifiers (IRIs)". The Internet Engineering Task Force. http://www.ietf.org/rfc/rfc3987.txt, (access 2014-01-18).

13： Bray, Tim ; Hollander, Dave ; Layman, Andrew ; Tobin, Richard ; S.Thompson, Henry. "Namespaces in XML 1.0 (Third Edition)". World Wide Web Consortium (W3C). http://www.w3.org/TR/REC-xml-names/, (access 2014-01-18).

せたものが，それぞれのプロパティの URI となる．以下は，DC Terms と FOAF それぞれの title プロパティの URI である．

DC Terms title の URI　　　http://purl.org/dc/terms/title
FOAF title の URI　　　　　http://xmlns.com/foaf/0.1/title

それぞれのプロパティの URI が重複することはないため，名前の衝突を気にせず複数の語彙を組み合わせて利用することが可能となる．なお，上に示した URI をそのままの形で利用することは冗長で扱いにくいため，名前空間 URI に割りあてられた名前空間接頭辞を利用した QName と呼ばれる簡略形が利用される．例えば「dc:title」や「foaf:title」のように記述する[14]．

(3) RDF

a．RDF の基礎

RDF は，メタデータをコンピュータが処理可能な形でシンプルかつ論理的に記述するためのデータモデルである．本節では，RDF の基本的なデータモデルについて述べ，次節で XML などを使った具体的な記述について述べる．

RDF では，リソース（情報資源）の持つ特徴や性質を主語（Subject），述語（Predicate），目的語（Object）を組み合わせたトリプル（三つ組み）で表現する．トリプルがリソースとリソースの関係や，リソースと値の関係を表し，RDF の基本単位となる．「主語」は記述対象となるリソースで，URI を使って識別する．「述語」はリソースの特徴や性質を表したもので，例えば DC Terms の title や creator といったメタデータ語彙のプロパティを用いる．「主語」と「目的語」の関係は「述語」によって表し，「述語」に対応する値を「目的語」に記述する．例えば「リソース http://www.aozora.gr.jp/cards/000148/card752.html のタイトルは『坊ちゃん』である」という文は以下のラベル付き有向グラフで表現する．

14：主な名前空間 URI と慣習としてよく使われている名前空間接頭辞は，prefix.cc（http://prefix.cc）で調べることができる．

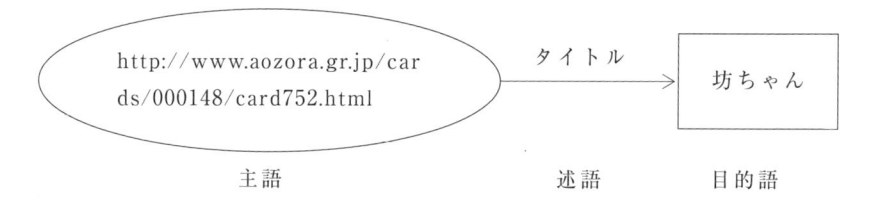

```
┌─────────────────────────┐    タイトル    ┌──────────┐
│ http://www.aozora.      │──────────────▶│ 坊ちゃん  │
│ gr.jp/cards/000148/     │               │          │
│ card752.html            │               └──────────┘
└─────────────────────────┘
        主語                   述語            目的語
```

　RDF グラフでは，主語と目的語のノードを，述語を示す矢印（アーク）で結ぶ．グラフでは主語や目的語になるリソースを楕円で表現し，目的語となるリテラル（文字列や数字など）は長方形で表す．矢印には述語を表すラベルを付与する．上記の例ではリソースと値（リテラル）の関係を表しているが，同様にリソースとリソースの関係も表現することができる．例えば「リソース http://www.aozora.gr.jp/cards/000148/card752.html の著作者はリソース http://www.aozora.gr.jp/index_pages/person148.html である」という文は以下のグラフになる（※リソースの URI を一部省略していることに注意）．なお，http://www.aozora.gr.jp/index_pages/person148.html は青空文庫[15]において作家「夏目漱石」を表すリソースの URI である．

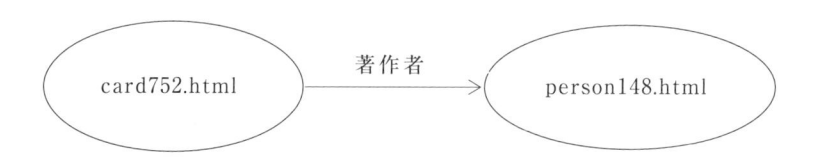

```
┌──────────────┐   著作者    ┌──────────────┐
│ card752.html │────────────▶│ person148.html│
└──────────────┘             └──────────────┘
```

　このように，リソース（グラフ中の楕円）は主語と目的語のどちらにもなりうる．一方，リテラル（グラフ中の長方形）は目的語のみで，主語になることはできない．

b．グラフの集約

　RDF のグラフでは，同じ URI を持つリソースを使って複数のトリプルをまとめることができる．「坊ちゃん」の例で示した二つのトリプルは共通の「card752.html」という URI を使って以下のグラフにまとめることができる．

15："青空文庫"．http://www.aozora.gr.jp/，（参照2014-01-18）．

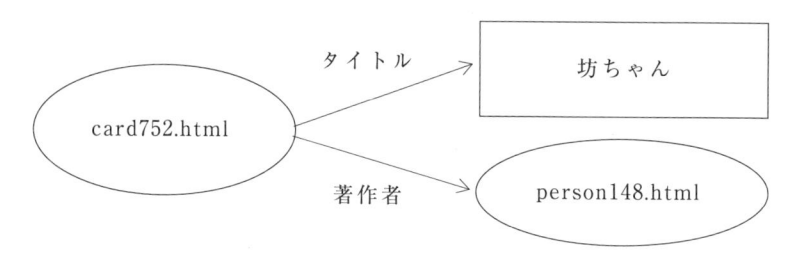

2．RDF：メタデータ記述のための枠組み　｜　*165*

さらに「person148.htmlの氏名は『夏目漱石』である」という文を表すトリプルがあった場合，person148.htmlを目的語に持つトリプルと，主語に持つトリプルを連結することができ，グラフは以下のようになる。

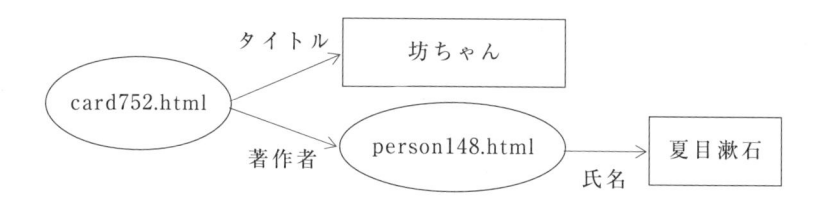

このようにRDFは，共通するリソースを使ってトリプルを連結することで，より大きくて複雑なメタデータを柔軟に表現することができる。

c．空白ノード

緯度と経度，姓と名の組み合わせのように何かのまとまりや構造を表現したい場合や，リソースとしてURIが必要ではない場合，RDFではURIを持たない空白ノードを使うことができる。例えば，空白ノードを使って「夏目漱石」を姓と名に構造化したグラフは以下のようになる。

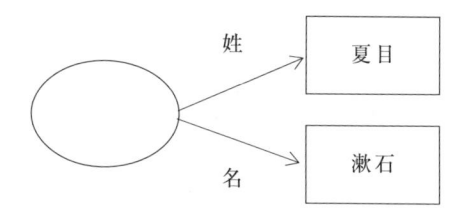

空白ノードはURIを持たないが，「匿名のリソース」としてトリプルの主語

または目的語にすることができる。例えば「リソース person148.html の氏名は，姓が『夏目』で，名は『漱石』である」という文は以下のグラフとして表現できる。

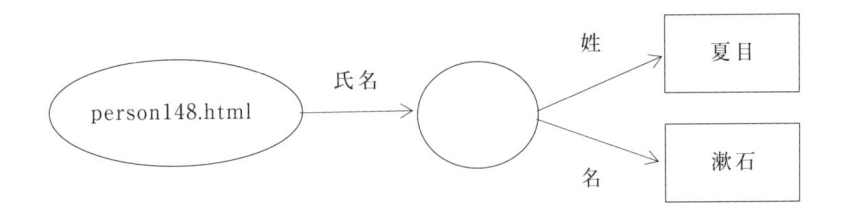

```
         氏名              姓    ┌──────┐
┌─────────────┐      ┌───┐ ──→ │ 夏目 │
│person148.html│ ──→ │   │      └──────┘
└─────────────┘      │   │      ┌──────┐
                     └───┘ ──→ │ 漱石 │
                       名       └──────┘
```

d．URI を使った述語の表現

ここまでの例では述語（プロパティ）を「タイトル」「著作者」「氏名」などとしていたが，実際には述語をグローバルに識別する必要があるために URI を与える必要がある。例えば「タイトル」を表す述語に DC Terms の title を利用する場合は http://purl.org/dc/terms/title が，「著作者」に creator を利用する場合は http://purl.org/dc/terms/creator がそれぞれの述語の URI となる。完全な URI での表記は扱いにくいため，以下のように QName を利用した dc:title や dc:creator という簡易表記を利用することが多い。

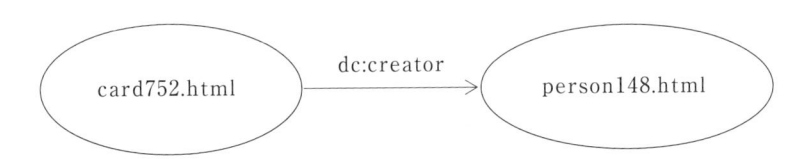

```
┌─────────────┐   dc:creator    ┌─────────────┐
│ card752.html │ ──────────→ │person148.html│
└─────────────┘                 └─────────────┘
```

e．リソースのクラス

メタデータの記述対象であるリソースは，書籍，画像，人物，イベント，概念などさまざまな種類に分類される。RDF では，このようなリソースが共通に持つ特徴や性質をまとめたものをクラスと呼び，RDF が定義している述語である rdf:type を使って表現する[16]。プロパティと同様にクラスも URI を持ち，グローバルに識別できるリソースである。例えば，人物や組織に関するメタデ

16：名前空間接頭辞 rdf の URI は http://www.w3.org/1999/02/22-rdf-syntax-ns#。

ータ語彙 FOAF では，人物を表すためのクラスとして foaf:Person を定義している[17]。「リソース person148.html が人物である」場合，foaf:Person クラスを利用して，リソースが人物（foaf:Person）であることを以下の様に表現する。

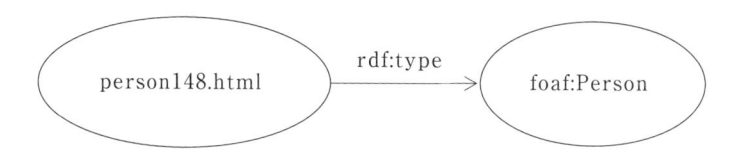

```
( person148.html ) --rdf:type--> ( foaf:Person )
```

f．リテラルの表現

RDF のリテラルには文字列や数値を記述する。しかし，"911" というリテラルが与えられた場合，数字，文字列，郵便番号，車の型番，米国の緊急通報用電話番号などさまざまな解釈をすることができる。そこで RDF ではリテラルが表すデータ型を与えることができる。データ型を持つリテラルを型付きリテラルと呼び，データ型を持たないリテラルをプレーンリテラルと呼ぶ。データ型の指定には XML Schema[18]で定義されたデータ型を利用し，リテラルとデータ型を「^^」でつなげて以下のように記述する。

```
"911"^^http://www.w3.org/2001/XMLScheme#decimal    （10進数911）
"911"^^http://www.w3.org/2001/XMLSchema#string     （文字列911）
```

一方，データ型を持たないプレーンリテラルでは文字列の言語を明記することができる。言語を指定する場合は，リテラルと言語を表すタグを「@」でつなげて記述する。例えば「夏目漱石」というリテラルが日本語であるということを表すには「"夏目漱石"@ja」と記述する。また，「pan」という単語のように，言語によって解釈が異なる場合（英語では「なべ」，スペイン語では食べる「パン」），以下のように言語タグで区別することができる。

17：名前空間接頭辞 foaf の URI は http://xmlns.com/foaf/0.1/。
18：Biron, Paul V.; Malhotra, Ashok. "XML Schema Part 2：Datatypes Second Edition". World Wide Web Consortium (W3C). http://www.w3.org/TR/xmlschema-2/, (access 2014-01-18).

"pan"@en 　　（英語の「pan」）
"pan"@es 　　（スペイン語の「pan」）

なお，データ型や言語タグを持つリテラルは，言語タグを持たないプレーンリテラルと区別されるので，RDFをコンピュータで処理する場合や検索する場合は注意が必要である（"pan"，"pan"@en，"pan"@es は区別される）。

(4) RDF の記述例

前節ではRDFグラフを楕円，長方形，矢印といった図形を利用して表現したが，コンピュータやソフトウェアがRDFを扱いやすくするためには，文字を使った機械可読な記述形式（構文）が求められる。RDFグラフの記述形式には，RDF/XML，Tutle，N3，N-Tripleといった構文がある。ここでは，RDFをコンパクトに記述することができるTurtle構文と，XMLを利用したRDF/XML構文について述べる。

a．Turtle 構文[19]

Turtle では主語，述語，目的語のURIを「< >」で囲み，順に並べて記述する。トリプルの末尾には「．」（ピリオド）を付与する。目的語がリテラルの場合は「" "」で囲んで記述する。リテラルの文字コードにはUTF-8を利用する。以下のグラフはTurtle構文を使って次のように記述する[20]。

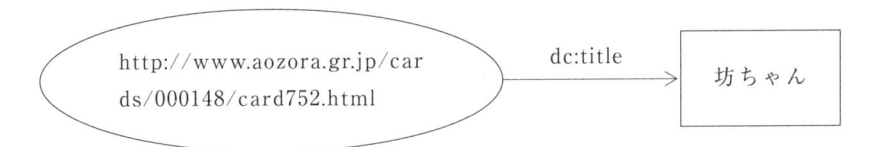

```
( http://www.aozora.gr.jp/cards/000148/card752.html ) --dc:title--> [ 坊ちゃん ]
```

<http://www.aozora.gr.jp/cards/000148/card752.html> <http://purl.org/dc/terms/title> "坊ちゃん".

19：" RDF 1.1 Turtle ". World Wide Web Consortium (W3C). http://www.w3.org/TR/turtle/, (access 2014-01-18).
20：グラフの例ではQNameを使ってdc:titleのURIを省略しているが，Turtleでは省略せずに記述していることに注意する。

2. RDF：メタデータ記述のための枠組み | 169

上記の Turtle では，< > 内に URI を記述している。いくつものトリプルがある場合は，同様の形式で複数行に記述する。以下のグラフは次のように Turtle で記述する。

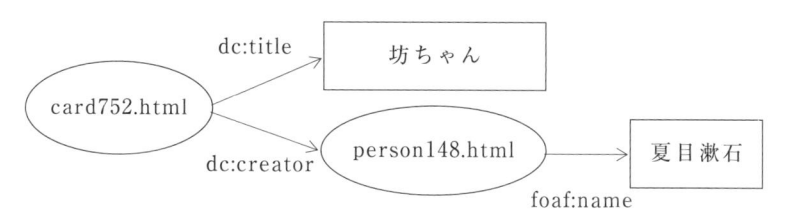

```
         dc:title
card752.html ──────→ 坊ちゃん
    │
    │ dc:creator         foaf:name
    └──────→ person148.html ──────→ 夏目漱石
```

@base <http://www.aozora.gr.jp/>.
@prefix dc: <http://purl.org/dc/terms/>.
@prefix foaf: <http://xmlns.com/foaf/0.1/>.
<cards/000148/card752.html>
　　dc:title "坊ちゃん" ;
　　dc:creator <index_pages/person148.html>.
<index_pages/person148.html> foaf:name "夏目漱石".

上記の Turtle では，@base キーワードによって基準となる URI（基底 URI）を与え，< > 内には基底 URI を基準にした相対 URI を記述している。また，@prefix キーワードによって名前空間接頭辞と URI を定義することで，dc:title や foaf:name のように URI を簡潔に記述している。同じリソースについて複数のトリプルを記述する場合は，ピリオドの代わりに「；」を記述し，二つめ以降のトリプルの主語を省略することができる。空白ノードは「[ ]」を使って以下の様に表現することができる。

@prefix foaf: <http://xmlns.com/foaf/0.1/>.
<http://www.aozora.gr.jp/page_index/person148.html> foaf:name [
　　　　foaf:familyName "夏目" ;
　　　　foaf:givenName "漱石"
　　].

b．RDF/XML 構文[21]

RDF では，汎用的なデータ交換フォーマットである XML による RDF/XML 構文も標準化されている。RDF/XML 構文では，XML のタグを使って RDF を次のように表す。

- 主語や目的語となるリソースは rdf：Description 要素で表し，URI は rdf：about 属性で示す。
- 述語は QName を使った要素として表し，主語である rdf：Description 要素の子要素にする。
- グラフ全体を一つの文書とする場合は rdf：RDF 要素でまとめる。

以下は RDF/XML 構文を使って「リソース card752.html のタイトル（dc：title）は『坊ちゃん』で，著作者（dc：creator）はリソース person148.html である。またリソース person148.html の名前（foaf：name）は『夏目漱石』である」を記述した例である。

```
<rdf:RDF
        xmlns:rdf="http://www.w3.org/1999/02/22-rdf-syntax-ns#"
        xmlns:dc="http://purl.org/dc/terms/"
        xmlns:foaf="http://xmlns.com/foaf/0.1/"
        xml:base="http://www.aozora.gr.jp/"
>
  <rdf:Description rdf:about="cards/000148/card752.html">
    <dc:title> 坊ちゃん </dc:title>
    <dc:creator>
        <rdf:Description rdf:about="page_index/person148.html">
            <foaf:name> 夏目漱石 </foaf:name>
        </rdf:Description>
    </dc:creator>
  </rdf:Description>
</rdf:RDF>
```

21：Beckett, Dave. "RDF/XML Syntax Specification (Revised)". World Wide Web Consortium (W3C). http://www.w3.org/TR/rdf-syntax-grammar/, (access 2014-01-17).

2．RDF：メタデータ記述のための枠組み　｜　171

空白ノードを記述する場合には rdf:about 属性を省略することができる。以下は空白ノードを使って姓「夏目」と名「漱石」を構造化した例である。

```
<rdf:Description rdf:about="page_index/person148.html">
  <foaf:name>
    <rdf:Description>
      <foaf:familyName> 夏目 </foaf:familyName>
      <foaf:givenName> 漱石 </foaf:givenName>
    </rdf:Description>
  </foaf:name>
</rdf:Description>
```

型付きリテラルのデータ型は rdf:datatype 属性を使い，プレーンリテラルの言語タグは xml:lang 属性を使って記述する。

```
<dc:title rdf:datatype="http://www.w3.org/2001/XMLScheme#decimal"
>911</dc:title>
<foaf:name xml:lang="ja"> 夏目漱石 </foaf:name>
```

(5) RDF スキーマ：メタデータ語彙の定義

　RDF ではメタデータ語彙（プロパティやクラス）に URI を与え記述しているが，そのままでは人やコンピュータがその役割や使い方を理解することはできない。RDF スキーマでは人やコンピュータが解釈できるように，RDF の記述に用いるメタデータ語彙の意味や役割，また他のプロパティやクラスとの関係を定義することができる。6 章で述べた DC Terms や FOAF も RDF スキーマによって語彙が定義されている。以下は DC Terms の title プロパティの定義を Turtle 構文で表したものである。

```
@prefix rdf:<http://www.w3.org/1999/02/22-rdf-syntax-ns#>.
@prefix dc:<http://purl.org/dc/terms/>.
@prefix rdfs:<http://www.w3.org/2000/01/rdf-schema#>.
```

dc:title
　　rdf:type rdf:Property ;
　　rdfs:label "Title"@en ;
　　rdfs:comment "A name given to the resource."@en ;
　　dc:issued "2008-01-14" ;
　　dc:modified "2010-10-11" ;
　　rdfs:isDefinedBy <http://purl.org/dc/terms/> ;
　　rdfs:range rdfs:Literal ;
　　rdfs:subPropertyOf <http://purl.org/dc/elements/1.1/title>.

　RDFスキーマのための名前空間 rdfs: は http://www.w3.org/2000/01/rdf-schema# で定義されている。この定義を見ることで，dc:title はプロパティ（rdf:Property）で，英語で表す場合のラベル（rdfs:label）は「Title」，その説明（rdfs:comment）は「A name given to the resource」であることがわかる。また，どのメタデータ語彙で定義されているのか（rdfs:isDefinedBy）や，上位プロパティ（rdfs:subPropertyOf）との関係が定義されている。このように，人にとってRDFスキーマはメタデータ記述や利用の際のガイドラインとして有用である。また，RDFスキーマで定義されたプロパティやクラスに関する情報は，コンピュータがRDFを利用した推論をする助けとなる。

　RDFスキーマではリソースや概念間の関係をシンプルに表現することができるが，より詳細なオントロジー[22]を表現するための十分な機能は持っていない。OWL（Web Ontology Language）[23]は記述論理に基づいたオントロジー記述言語である。OWLでは，集合演算によるクラス定義やプロパティに対してさまざまな制約を定義することが可能である。一方，シソーラスや件名標目を定義するための枠組みとしてSKOSがある[24]。SKOSではRDFを利用して概念にURIを与え，見出し語や代替表記の定義や，上位概念，下位概念，関連概念といった関係を記述するための語彙を提供している。

22：対象とする世界（ドメイン）内の概念とそれら概念間の関係を形式的に表現したもの。
23："OWL Working Group". http://www.w3.org/2007/OWL/, (access 2014-01-18).
24："Simple Knowledge Organization System". World Wide Web Consortium (W3C). http://www.w3.org/2004/02/skos/, (access 2014-01-18).

3．Web API の利用

Web は人がブラウザをユーザインタフェースとして利用するだけではなく，プログラムからもアクセスし利用されている。このようなプログラムから Web を利用するためのインタフェースは Web API と呼ばれる。現在では多くの機関や企業が，Web API を介して Web 上にメタデータや検索サービスなどを提供している。例えば，国立国会図書館サーチは，ブラウザから検索する機能に加え，Web API を介した検索やメタデータのダウンロード機能を提供している[25]。

Web API に関する議論は1990年代後半からおこなわれ，メッセージ転送を定めた SOAP[26]や周辺仕様群が提案されてきた。2000年には現在広く使われている Web API のアーキテクチャスタイルである REST（Representational State Transfer）が提案された[27]。本節では，HTTP を利用した Web API 利用の基礎について述べる。

（1）URI と HTTP による通信

まず Web API においてクライアント／サーバ間通信の基礎となる HTTP について簡単に述べる。HTTP は，クライアント（Web ブラウザやプログラム）とサーバ（Web サーバ）の間で情報をやり取りするためのプロトコルである[28]。サーバはクライアントから送信されたリクエストに応じたリソースをレスポンスとして返信する。例えば http://www.slis.tsukuba.ac.jp/grad/index.html という URI にアクセスする場合，クライアントは URI を解析し，ホ

25：国立国会図書館．"国会図書館サーチ外部提供インタフェース（API）"．国立国会図書館サーチ．http://iss.ndl.go.jp/information/api/，（参照2014-01-18）．
26："Latest SOAP versions"．World Wide Web Consortium（W3C）．http://www.w3.org/TR/soap/，(access 2014-01-18)．
27：Fielding, Roy T.．"CHAPTER 5 Representational State Transfer（REST）"．Donald Bren School of Information and Compiter Sciences．http://www.ics.uci.edu/~fielding/pubs/dissertation/rest_arch_style.htm，(access 2014-01-18)．
28："Hypertext Transfer Protocol －－ HTTP/1.1"．IETF Tools．http://tools.ietf.org/html/rfc2616，(access 2014-01-18)．

スト名 www.slis.tsukuba.ac.jp に対して HTTP に従った以下のリクエストを送信する。

　　GET /grad/index.html HTTP/1.1
　　Host: www.slis.tsukuba.ac.jp

この HTTP リクエストは，クライアントが行いたい処理である「GET」という命令，「/grad/index.html」というリソースのパス，HTTP のバージョンから構成されている。7-1 表に HTTP1.1 で定義している主な命令を示した。「GET」命令の場合，サーバはリクエストされたパスが表すリソースが存在すれば，以下のようにステータス行，ヘッダ情報，ヘッダの終了を表す空行に続いてリクエストされたリソース本体をクライアントに返信する。

　　HTTP/1.1 200 OK　　　　　　　　　　　　　　　　ステータス行
　　Date：Mon, 23 Sep 2013 08：01：35 GMT　　　　　ヘッダ情報
　　Content-Type：text/html；charset=UTF-8

　　　　　　　　　　　　　　　　　　　　　　　　　　空行
　　<!DOCTYPE html PUBLIC"-//W3C//DTD…">　　　リソース本体
　　<html xmlns="http://www.w3.org/1999/xhtml"lang="ja"xml:lang="ja">
　　　…本体の内容…
　　</html>

ステータス行は，HTTP のバージョン（HTTP/1.1），ステータスコード（200），テキストフレーズから構成される。ステータスコードは RFC2616 で定義されており，1xx は処理中，2xx は成功，3xx は他のリソースへのリダイレクト，4xx はクライアント側のリクエストエラー，5xx はサーバ側エラーを示している。例えばステータスコード「301 Moved Permanently」が返ってきた場合は，リクエストで指定したリソースが新しい URI に移動したことを示す（新しい URI はレスポンスの Location ヘッダに記述される）。また，存在しない URI をリクエストした場合に返されるステータスコードは「404 Not Found」である。

7-1表　HTTP1.1で定義されている主な命令

メソッド	役割
GET	リソースの取得
HEAD	リソースのヘッダ情報のみを取得（本体は返さない）
POST	リソースの作成と追加
PUT	リソースの更新と作成
DELETE	リソースの削除

（2）REST

　狭義の意味での REST は，Roy Fielding が提唱する Web API のアーキテクチャスタイルの設計原則に従ったインタフェースで，リソースを扱うための考え方と捉えることもできる。REST では，固有の URI を持つリソースに HTTP が持つ四つのメソッド（GET，POST，PUT，DELETE）を組み合わせて使うことでそのリソースに何をしたいのかを指定する（それぞれのメソッドの役割は 7-1 表参照）。同じ URI を持つリソースにアクセスした場合でも HTTP メソッドによって行われる操作が異なる[29]。

　一方，Fielding の REST を拡大解釈した「いわゆる」REST 形式の Web API も現在広く使われている。広義の REST の明確な定義はないが，その多くは HTTP と XML や JSON を利用してリソースの操作を行うものである。狭義の REST とは異なり，本来リソースの取得に利用する GET メソッドをリソースの作成や更新に用いたり，反対に，リソースの作成を行う POST メソッドをリソースの取得に用いている例もある。

29：狭義の REST については本書の範囲を超えるため，以下を参照されたい。
　　山本陽平．Web を支える技術：HTTP，URI，HTML，そして REST．技術評論社，2010，377p．（WEB + DB press plus シリーズ）．
　　リチャードソン・レナード，ルビー・サム著，山本陽平監訳．RESTful Web サービス．オライリージャパン，2007，444p．

(3) OpenURL

OpenURLは，論文，書籍，雑誌などの書誌情報（メタデータ）をシステム間で送受信するための標準的なAPIである．国立国会図書館サーチ，国立情報学研究所のCiNii（Articles, Books），全国図書館蔵書検索サービスであるカーリルは，いずれもOpenURLによるAPIを提供している．OpenURLでは，APIの基準となるベースURLに，検索したい項目とその値の組をクエリパラメータとして与える．クエリパラメータに記述する値の文字コードにはUTF-8が利用されることが多く，値はURLエンコードする．OpenURL1.0で利用できる主な検索項目を7-2表に示した．なお，OpenURLを提供するAPIごとに利用できる検索項目は異なるので，それぞれの仕様を確認する必要がある．

以下は，著者名が「夏目漱石」の書籍をCiNii BooksのOpenURLで検索するURLである．下記URLにアクセスすると，HTML形式の検索結果が返ってくる．

http://ci.nii.ac.jp/books/openurl/query?url_ver=z39.88-2004&rft.au=%E5%A4%8F%E7%9B%AE%E6%BC%B1%E7%9F%B3&rft.genre=book

7-2表 OpenURL1.0の主なクエリパラメータ

項目	パラメータ名
著者名	rft.au
著者の姓	rft.aulast
著者の名	rft.aufirst
タイトル	rft.title
論文名	rft.jtitle
雑誌名	rft.jtitle
ISBN	rft.isbn
ISSN	rft.issn
出版年	rft.date
出版者	rft.publisher

ベースURLがhttp://ci.nii.ac.jp/books/openurl/queryで，クエリパラメータで著者名（rft.au）の値にパーセントエンコードした「夏目漱石」を指定している．url_verはOpenURL1.0の指定をするパラメータで値はz39.88-2004に固定．rft.genreは資料種別を表しており，CiNii Booksではbook（図書）とjournal（雑誌）を値に記述できる．

（4）コンテントネゴシエーション

　ある一つのリソースが日本語や英語といった複数言語での表現や，HTMLとRDFのように異なるフォーマットでの表現方法を持つことがある。Web APIを持つ検索サービスなどでは，WebブラウザからのリクエストにHTMLを返し，プログラムからのリクエストにはXMLを返すということがよく行われる。この場合，サーバ側で一方的にリソースの言語やフォーマットを決めるのではなく，HTTPのコンテントネゴシエーション（Content Negotiation）と呼ぶしくみを使って，クライアント（Webブラウザやプログラム）が適切な表現方法のリソースを選択することができる。クライアントはHTTPリクエストのヘッダを使って以下の3種類の情報をサーバに伝えることができる。
　① Accept……クライアントが処理できるメディアタイプをサーバに伝える。
　② Accept-Charset……クライアントが処理できる文字エンコーディングをサーバに伝える。
　③ Accept-Language……クライアントが処理できる言語タグをサーバに伝える。
　以下はAcceptヘッダにクライアントが処理できるメディアタイプを指定したHTTPリクエストの例である。

　　GET /auth/ndlsh/00571437　HTTP/1.1
　　Host：id.ndl.go.jp
　　Accept：text/html,application/xhtml+xml,application/xml;q=0.9,*/*;q =0.8

　Acceptヘッダの「q=」は優先度を示し，上記の例では「text/html, application/xhtml+xml, application/xmlの3種類は優先度が0.9で，それ以外（*/*）のメディアフォーマットは優先度が0.8である」ということを表している。この例の場合はHTMLで表されたリソースがクライアントに返される。
　一方，プログラムでは，XML，RDF，JSONといったフォーマットで記述されたリソースの方がHTMLよりも扱いやすいことが多いため，Web APIの利用ではコンテントネゴシエーションを利用したリソースのメディアタイプ

の指定が行われる。上記のリソース（国立国会図書館典拠データ）は，HTML以外にRDF（application/rdf+xml）やJSON（application/json）といったメディアタイプでも提供されている。そこで，Acceptヘッダを以下のようにすれば，RDF/XML形式でリソースを取得することができる（application/jsonを指定すればJSON形式で取得できる）[30]。

```
GET /auth/ndlsh/00571437 HTTP/1.1
Host：id.ndl.go.jp
Accept：application/rdf+xml
```

（5）Web APIの利用例

　Web APIを利用する場合，まず，どのようなサービスが提供されているのか，Web APIを利用するためのベースURLとクエリパラメータ，そしてどのような値が返されるのかを理解する。ここでは，国立国会図書館サーチの外部提供インタフェース（http://iss.ndl.go.jp/information/api）のSRU[31]を例に，Web APIの利用について述べる。

　国立国会図書館サーチでは，国立国会図書館サーチを検索するための各プロトコル（SRU，SRW，OpenSearch，OpenURL，Z39.50）に対応したAPIを提供している。各APIのベースURL，入力形式，出力形式を7-3表に示した。SRUに対応したAPIは，ベースURLが「http://iss.ndl.go.jp/api/sru」で，入力形式がURL，出力形式がXMLである。

　次に，SRUのベースURLに与えるクエリパラメータを調べる。国立国会図書館サーチ外部提供インタフェース仕様書で定義しているSRUのクエリパラメータの一部を7-4表に示した。7-4表から，クエリパラメータoperationとqueryが必須であることがわかる。また，検索結果のスキーマはdc，dcndl，

30：汎用的なデータ転送コマンドcurlを利用する場合は以下のようにする。コマンドの実行結果としてRDF形式で記述された件名標目が返ってくる。
　　curl -H "Accept：application/rdf+xml" http://id.ndl.go.jp/auth/ndlsh/00571437
31：Search/Retrieve via URL：Z39.50を発展させたもので，URLを利用して検索要求をおこなう。

3. Web API の利用 | *179*

7-3表 国会図書館サーチが提供する API と入出力形式

プロトコル	ベース URL	入力形式	出力形式
SRU	http://iss.ndl.go.jp/api/sru	URL	XML
SRW	http://iss.ndl.go.jp/api/srw	XML	XML
OpenSearch	http://iss.ndl.go.jp/api/opensearch	URL	RSS
OpenURL	http://iss.ndl.go.jp/api/openurl	URL	HTML
Z39.50	iss.ndl.go.jp:210	(Z39.50)	(Z39.50)

7-4表 SRU インタフェースで利用できるクエリパラメータの一部

引数名	指定すべき値
operation	必須（"searchRetrieve" に固定）
version	任意（1.1または1.2）
query	必須（検索条件を CQL で記述）
startRecord	開始位置（省略時は1）
maximumRecords	最大取得件数（省略時は200）
recordSchema	取得データのスキーマ（dc, dcndl, dcndl_simple：省略時は dc）

dcndl_simple の3種類で，デフォルトのスキーマは dc である。

ここまでで，クエリパラメータを与えた最小の SRU 検索リクエストの URL が以下であることがわかる。

http://iss.ndl.go.jp/api/sru?operation=searchRetrieve&query=検索条件

この SRU の例の場合，検索条件は SRU の検索クエリの仕様である CQL（Context Query Language）で記述する。CQL クエリを発行する際に利用できる主な項目を7-5表に示した。

例えば「2013年1月1日以降に出版され，作成者に『夏目漱石』を含むもの」を検索する CQL クエリは「from=2013 AND creator=夏目漱石」となる。この CQL クエリを文字コード UTF-8を使ってパーセントエンコードし，ク

7-5表 CQLクエリで利用できる主な項目

項目名	内容
title	タイトル
creator	作成者
publisher	出版者
ndc	分類
description	内容記述
subject	主題
isbn	ISBN
from	開始出版年月日（YYYY-MM-DD）
until	終了出版年月日（YYYY-MM-DD）
sortBy	ソートの基準となる項目名

エリパラメータ query に与えた SRU 検索リクエストの URL は以下のようになる。

　　http://iss.ndl.go.jp/api/sru?operation=searchRetrieve&query=from=2013%20AND%20creator=%22%E5%A4%8F%E7%9B%AE%E6%BC%B1%E7%9F%B3%22

　上記 URL にアクセスすれば，検索結果として下記の XML が返される。検索結果 XML に含まれる numberOfRecords 要素は検索結果数，recordData 要素が書誌情報を表している。あとは，検索結果をプログラムで読み込んで利用すればよい。

```
<?xml version="1.0" encoding="UTF-8"?>
<searchRetrieveResponse xmlns="http://www.loc.gov/zing/srw/">
  <version>1.2</version>
  <numberOfRecords>12</numberOfRecords>
  <nextRecordPosition>0</nextRecordPosition>
  <extraResponseData>
```

<facets><lst name="REPOSITORY_NO">
　…（省略）…
 </extraResponseData>
 <records>
　<record>
　　<recordSchema>info:srw/schema/1/dc-v1.1</recordSchema>
　　<recordPacking>string</recordPacking>
　　<recordData>
&lt;srw_dc:dc xsi:schemaLocation=&quot;info:srw/schema/1/dc-v1.1 http://www.loc.gov/standards/sru/dc-schema.xsd&quot;xmlns:srw_dc=&quot;info:srw/schema/1/dc-v1.1&quot;xmlns:dc=&quot;http://purl.org/dc/elements/1.1/&quot;xmlns:xsi=&quot;http://www.w3.org/2001/XMLSchema-instance&quot;&gt;&lt;dc:title&gt;栞子さんの本棚…（省略）…
　　</recordData>
　　<recordPosition>1</recordPosition>
　</record>
　…（省略）…
 </records>
</searchRetrieveResponse>

8章　図書館の情報システムの安全性と信頼性

　現代の図書館では，業務システムや利用者向けサービスのためのシステムなどさまざまな情報システムを使用している。万が一これらの情報システムが機能しなくなると，利用者に不便を強いるだけでなく，日常的な業務にも差し支えが生じてしまう。自然災害などの甚大な被害を被った場合の事業継続性（Business continuity planning：BCP）はもちろん，日常の中でも情報機器の故障やネットワークを通じた不正アクセス，コンピュータウィルスの感染等，さまざまな要因によって情報システムに障害が発生することも考えられる。本章では，そのような事態がなぜ生じるのか，そしてそれに対してどのように備えれば良いのかについて基本的な事柄について論じる。1節では安全性と信頼性の確保全般についてとりあげ，2節で主に不正アクセス等の外来の脅威事例について論じる。

1．図書館サービス提供のための情報システムの安全性と信頼性の確保

　本書の5章で触れられている通り，現代の図書館ではそのサービスのためにさまざまな情報システムを使用している。そのため，これらのシステムが停止し，使用できなくなるとサービス提供に差し支えが生じるため，安定した運用が必要とされる。また，データ消失や情報漏洩（ろうえい）のような回復が不可能な事態が生じると利用者との信頼関係も崩れてしまう。本節ではまずシステムの継続的かつ安定した運用の阻害要因とその対策について1項で解説し，データの消失を防いで致命的な事態に陥らないための方式について2項で触れる。

（1）継続的運用とシステムの安定性

　システムを停止させずに継続的な運用を行うためのさまざまな対策をあらか

じめ施しておくことが重要である。ただし，技術的には考え得るすべての対策を行うことが望ましいことになるが，実際に対策を行うにはコストがかかるため，現実的には各々の事情に応じた優先順位を検討し，個々の対策について取捨選択することになる。

まず対策を論じる前にシステムが停止する場合とはどのような場合があるかを考えてみる。多くの情報システムが停止する際の要因としては，次のようなことが考えられる。

①外的要因による物理的破壊（自然災害時を含む）
②電源等の供給停止
③ネットワーク等の通信異常
④構成機器・部品の故障
⑤ソフトウェアの不具合（バグ）
⑥マルウェア[1]感染や不正アクセス
⑦操作ミス等の人為的なもの

①は例えば水没や転倒・落下等によってシステムを構成するハードウェアが壊れてしまう場合であり，水害や地震などの天災による以外に，上の階での漏水や人や物がぶつかって故障するような場合も考えられる。これらは設置場所の選定等によりある程度までの予防は可能であるが，極端な場合には避けきれないこともある。この問題は設置している場所で生じるので，対策としては異なる場所，できれば地理的に離れた場所に分散化し，一か所で停止しても別の場所に設置したものが稼働することでサービスを維持することが考えられる。サービスを全く止めずに維持するためには同等の機能を備えたシステムを別の場所にも設置することが考えられるが，その分コストが高くなる。そこでサービスの一時的な停止はやむを得ないと考え，重要なデータのバックアップを遠隔地に保管して致命的なデータ消失だけは避けるという方法がとられることも多い。

②は主に停電であり，情報機器を稼働させるための電源が確保できない場合は止めざるを得ない。災害などによる急な停電の際にシステムやデータに致命

1：マルウェアとは，コンピュータの利用者や管理者の意図に反してさまざまな悪意のある行為を行うソフトウェアの総称である。詳細は8.2で取り上げる。

的な障害を起こさないように自動停止するには後述する無停電電源装置を用いる。もし，停電時も稼働を維持する必要がある場合には非常用発電装置が必要となる。電源設備点検などの計画的な停電の際も無停電電源装置があるとシステムの自動停止と再起動のスケジュールを事前に設定することができる。また，電源以外にも空調設備によってはガスを用いるものもあり，その場合は停電しなくてもガスの供給が止まれば空調が停止するため，温度上昇による故障を避けるためにシステムを停止せざるを得ない場合がある。システムそのものはガスを使用しないので，そのような場合に備えるには，一定温度以上に上昇すると自動停止するための機構をシステムに備えさせることが考えられる。

　③についてはLANを整備し，それに情報機器を接続している場合，そこに接続する他の機器の通信や異常の影響を受けて正常に稼働しなくなることがある。例えば，イベント会場などで無線LANにつないだ参加者のパソコンの中に設定の問題があるものがあり，他の参加者のパソコンも通信できなくなるというような障害が発生することもある。図書館によっては閲覧室等での利用者の持ち込みパソコンに館内のLANの利用を認めることも考えられるが，利用者に開放するLANと業務システム等を接続するLANは分離しておく方が安全である。また，インターネットへの接続のために契約しているプロバイダ等のメンテナンス作業等でインターネットとの接続が一時的に切れることがある。その場合外部からのシステムへのアクセスや館内からインターネットを利用できなくなるが，インターネットを使用していないはずのシステムの応答が遅延したり動作に不具合を起こすことがある。これは，オペレーティングシステム等の基盤的なソフトウェアの設定がインターネットに接続されている前提となっていることが影響していると考えられる。インターネットと接続されていない場合でも円滑な運用が必要な場合には事前にインターネットから切り離した状態で動作確認する必要がある。

　④は説明するまでもないが，物である以上機器やそれを構成する部品の故障は完全に防ぐことはできない。これに対する対策としては機器や部品を故障率の低い高信頼性のものとすることが考えられるが，故障を完全になくすことはできない上，コストが高くつくものとなる。そこで，近年では単体での故障率そのものを下げるよりも，同一の機器や部品を複数用いて冗長化することで総

合的な信頼性を高める方式が主流となっている。冗長化の事例については後述する。

⑤については通常の使用に関わるバグであれば導入時の検査や導入直後に発覚するが，何か特別な状況において機能する部分については，その状況になって初めてバグの存在が明らかになり，サービス停止などの事態になることがある。特にインターネットに公開するシステムの場合は，システムの設計・構築時には全く想定しなかったような利用，すなわち想定外のアクセスがされることもある。外部からの侵入を試みるような不正アクセスもそのような想定外のアクセスによるものが多いので，想定外のアクセスがあってもシステム全体の機能不全に陥ることないように構築しなければならない。利用者に不正アクセスの意図がないのにシステムが使用不能に陥るような事態は特に避けなければならない。

⑥については外的要因の一種であるが，実際には担当者の操作ミスで感染してしまう場合や，オペレーティングシステム等を最新の状態に維持することや侵入防止のための各種の設定を怠っていることが原因であることも多い。マルウェアと不正アクセスについては2で改めて説明する。

以上のような事態に対して情報システムを止めずに運用を継続する，あるいは停止するとしてもその時間を極力短くするための方法はさまざまに考えられている。今後も新たな手法や技術が考案される可能性はあるが，ここでは比較的一般的な無停電電源装置と冗長化の事例を紹介する。

a．無停電電源装置（Uninterruptible Power Supply：UPS）の利用

UPSはシステムを設置している部屋に供給されている電源とシステムの間に挿入し，停電が生じた際に，システムへの電源供給を止めることなく一定時間維持する装置である。UPSは停電が生じたことをシステムに通知し，その一定時間の範囲内でシステムを正常に自動停止させるように設定して使用する。UPSでは停電時にシステムの継続稼働はできないが，正常な停止動作を行うので，急な電源断による故障やデータ消失などの障害を防ぐことができ，復電時にスムーズな再稼働が可能となる。UPSは停電時の電源維持のために蓄電池を搭載して，電源が供給されている際に充電しておくようになっている。なお蓄電池には寿命があり，設置環境や機種などによって異なるが一般的には数

年毎に交換が必要である。このように UPS は自動停止を完了するまでの時間を稼ぐための物であり，停電時でも継続的に稼働させる場合には自家発電装置等を用いることになる。なお，自家発電装置がある場合でも自家発電に切り替わるまでの時間や，電源事故などの不意の停電等が考えられるので，UPS の設置は有効であると考えられる。

b．構成機器，部品等の冗長化と RAID

システムを構成している機器や部品類の故障によるシステム停止を回避するため，同一の機器や部品を冗長化して備える方法が考えられる。例えば，同一の機器や部品を二つ備えておき，一方が故障した際にもう一方に自動的に切り替えて稼働を維持する。フォールトトレラントシステム（fault tolerant system）や高可用性システム（highly available system）はそのような冗長化を始めとするさまざまな手段でシステム停止を防ぐが，コストもかかる。そこで，一般的な情報システムでは故障率の高い部品，あるいは故障によるデータ消失等致命的な問題が生じる可能性のある機器についてのみ冗長化することも多い。そこで冗長化されることが多い部品としては，電源ユニットや冷却用ファン，そしてハードディスクがあげられる。中でもハードディスクはその故障がデータ消失につながることもあるため，近年は冗長化機能を備えるものが一般化している。

他の部品を冗長化した場合は故障したものを正常なものと入れ替えて稼働させるだけでよいが，ハードディスクはデータを保存しているため，単純に入れ替えるとデータを消失してしまう。そのため，正常稼働時にデータそのものも冗長化して複数のハードディスクに保存することが必要になる。このようなデータの冗長化も含めた技術が RAID（Redundant Arrays of Inexpensive Disks）である。ここではその技術的な詳細については略すが，RAID はレベル1からレベル5まであり，RAID1や RAID5のように呼ばれる。RAID1はミラーとも呼ばれ，2台のハードディスクに同じデータを同時に保存することで，1台が故障してもデータ消失を防ぐ。ただし，全体で保存可能なデータ容量は半分になってしまう。保存可能なデータ容量の減少を RAID1よりも抑えつつ冗長化を図るものが RAID5である。RAID5では3台以上のハードディスクを用い，データ容量は1台分減少するが，1台が故障してもデータ消失を防ぐこ

とができる。なお，最近ではRAID1やRAID5のものを束ねたRAID10やRAID50というものや，RAID5をより発展させたRAID6と呼ばれるものもある。

　なお，RAIDでは故障したハードディスクを交換した際に再構築処理を行うが，これには時間がかかる上再構築が完了するまでは冗長化されていない状態となる。その時間を短縮させるためにホットスペア（hot spare）と呼ばれる予備のハードディスクを普段から装着しておき，故障時に自動的に切り替えることができるものもある。ハードウェアによってはシステムを稼動させたままハードディスク装置を交換できるものもあり，それを用いれば故障したハードディスクの交換とRAID再構築をシステムを止めずに実施することも可能である。ただし，故障してから再構築完了するまではシステムの性能は低下する点には注意が必要となる。なお，製品によっては「RAID0」という機能を持つものもあるが，これは冗長化されないためデータ消失の危険性が高く，信頼性を要求されるシステムでは用いられない。

（2）システムにおけるデータの保全

　ここまでで説明したように，システムの安定運用のためにRAIDによる冗長化やUPSを導入することが一般化している。しかしながら，それだけでは万全ではなく，例えば図書館システムが保持しているデータである資料の目録やその貸出状態，利用者情報が消失したり漏えいしたりしてしまうと取り返しがつかない。不正アクセスやマルウェアによる情報漏洩の危険については次節で説明するので，本節ではデータ消失を防ぐ方法について述べる。

　前に述べたRAIDによるハードディスクの冗長化はハードディスクの故障などの際にデータ消失の可能性を下げることはできるが，確率は低いが同時に2台故障するような場合にまでは対応できない。また，担当者の操作ミスによるデータ削除や不正アクセス，マルウェアによるデータ改変・削除については無力である。そこでデータ保全のために行うものがデータのバックアップである。

　バックアップとは一般に別の記憶媒体にデータを複製しておくことである。その記憶媒体はリムーバブルメディアなどシステム本体から切り離し可能なものを用い，普段は切り離しておくことで操作ミスや不正アクセス，マルウェア

の影響を防ぐことが望ましい。また，切り離せるということはシステム本体とは離れた場所に保管することができ，それによってシステム本体の設置場所が被災してもデータを保全することも可能となる。バックアップには従来は磁気テープを用いることが一般的であったが，システム本体に対して装置がやや高価であること等から最近では光学ディスクや取り外し可能なハードディスクを用いることも増えている。

　バックアップはデータの更新頻度を考慮して一定期間ごとにとるが，バックアップ作業をしている最中に何か問題が起きると，その際使用している記憶媒体中には不完全なバックアップしか存在しないことになる。そのため，安全を見込んでバックアップのための記憶媒体は2セット以上準備し，それを交互に用いることで，1セットの中身が不完全になっても少なくとも別の1セットには前回の完全なバックアップが残るようにする。これによりバックアップの中断等があっても，データは最大でその期間分古いデータとなるが，完全な消失を避けることができる。また，全データのバックアップには時間がかかり，システムにも負荷がかかるので，全データのバックアップ周期はある程度長くしておき，データの更新分だけを複製する差分バックアップを短い周期でとる方法もよくとられる。例えば，全データのバックアップは1週間に1回で，差分バックアップを毎日実施するようなパターンが考えられる。

　バックアップ作業にも時間がかかるが，一般的にはバックアップしたデータを元のシステムに書き戻す処理の方に時間がかかる。差分バックアップを用いている場合は全データのバックアップから書き戻してから，差分について書き戻すという段階を踏む必要があり，その分手間と時間がかかる。また，バックアップについてはシステムを稼働させたまま実行可能にする工夫がされていることが一般的であるが，書き戻しについてはシステムの機能を止めた状態で実行することになる。データ量に依存するがバックアップやその書き戻しについては何時間もかかることがある。一方，RAIDの場合はシステムを止めないか止めるとしてもハードディスクの交換作業時間のみで済むため，バックアップによってデータ保全を行っていてもRAIDによる冗長化はシステム停止時間短縮に有効である。

　バックアップについてデータ消失を防ぐという観点でここまで説明したが，

一方でバックアップに用いた記憶媒体にはデータが入っているわけであり，その保管を厳重にしないと盗難や紛失によってデータ漏えいの原因になる恐れもある。そのため，最近ではバックアップの際にデータを暗号化して記憶媒体に保存することも可能になっている。その場合，最も簡単なものでも暗号化のためのパスワードを用いるが，このパスワードを記憶媒体とは別に厳重に管理する必要がある。

2．外来の脅威：マルウェアと不正アクセスとその対策

　前節でも触れたが，情報システムで機能不全の発生や，情報漏洩等の問題については外来の脅威についても備えなければならない。外来の脅威にはマルウェアと不正アクセスによるものが代表的であるが，ここではそれに加えて迷惑メールやフィッシング，標的型攻撃についても取り上げる。

（1）マルウェアとその対策

　マルウェアとは，Malicious Software（悪意のあるソフトウェア）を略したことばであり，コンピュータの利用者や管理者の意図に反してさまざまな悪意のある行為を行うソフトウェアの総称である。マルウェアはその振る舞いによってコンピュータウィルスやスパイウェア，トロイの木馬等さまざまなものに分類されるが，一般向けにはコンピュータウィルスという呼称が使われることも多い。マルウェアがコンピュータに入り込み，その悪意のある行為を実行し始めることを一般に「マルウェアに感染する」と呼ぶ。マルウェアが実行する悪意のある行為の典型的なものとしては，以下のようなものがある。

　(1)　感染したコンピュータそのものに障害を起こす

　　例えばファイルを削除・改変してしまったり，強制停止や起動不能に陥らせたりする。

　(2)　感染したコンピュータ内の情報を漏洩させる

　　コンピュータ上にあるファイル等の中身を抜き取り，悪意ある利用者にまで届けたりインターネット上の掲示板等を用いて広く公開してしまう

　(3)　他のコンピュータへの侵入や攻撃の踏み台にする

感染したコンピュータを用いて，他のコンピュータにマルウェアを感染させたり，攻撃を加えたり，悪意ある利用者が侵入するための足掛かりになったりする．

初期のマルウェアは(1)のものが多かったが，これは一種の愉快犯に相当するものであった．一方，最近では(2)や(3)のタイプが大幅に増えており，これらは実利を得ようとする犯罪や，特定の企業や団体に対する妨害が目的であるため，大きな問題となっている．特に(2)や(3)の場合にはその感染したコンピュータの利用者には気づかれないような工夫がされていることが多い．そのため，利用者の気付かないうちに情報漏洩の被害が拡大したり，他のコンピュータへの影響が甚大になることもあるので，その対策が重要である．また感染してしまうと，そのコンピュータの設定やファイルにいくつもの改変が加えられてしまうため，その検査と除去作業に必要な労力も膨大になるので，感染予防が重要となる．

マルウェアの感染を防ぐには，まずその感染経路をふさぐことが重要となる．感染にはオペレーティングシステムやさまざまなアプリケーションソフトウェアの弱点を利用することが多い．その弱点のことをソフトウェアセキュリティの専門家は脆弱性（Vulnerability）と呼んでいる．その脆弱性を減らすためにはまずオペレーティングシステムや Web ブラウザ，電子メールソフトウェアだけではなく，文書の閲覧編集に用いるようなオフィスソフトウェアや文書ビューワ，動画再生用ソフトウェア等を常に最新の状態にしておく必要がある．ソフトウェアベンダによっては定期的に更新版の有無をチェックして，自動更新する機能を準備しているものもある．しかしながら，手動で確認するまで更新されないものもあるので，図書館で設置している業務用や利用者用のコンピュータについては例えば一ヶ月に一度，定期的に更新を行う方が確実である

ソフトウェアの脆弱性を利用する以外にもマルウェアに感染する可能性がある．例えば，電子メールの添付ファイルで送り付けられたり，Web ページでダウンロードを誘うようになっているような場合である．これらは添付ファイルを開いたり，ダウンロードして実行しなければ感染することはないが，重要な文書や，有用なソフトウェアであるかのように見せかけることによって利用者に開いて実行させるように工夫が凝らされていることも多い．そのようなも

のを万が一開いてしまっても感染を防ぐためにはいわゆるウィルス対策ソフトウェアを導入し，そのウィルス定義を常に最新のものにしておくことも重要である。なお，このように最新の状態に保っていても，日々刻々と新しく亜種と呼ばれるマルウェアが作られているので，添付ファイルやWebページの閲覧については用心が必要である。

（2）迷惑メールとフィッシング，標的型攻撃への備え

インターネットを通じて送受できる電子メールは便利である反面，好ましくない利用も増えている。電子メールはインターネットにさえつながっていれば，事実上無料で機械的に多量に送信することができるが，その特徴を悪用しているものが迷惑メールとフィッシング，標的型攻撃である。迷惑メールとは，受信者が望まない宣伝や勧誘等を無差別に送りつけるものであり，中にはマルウェアの感染を狙っているものもある。フィッシングは一種の詐欺行為であり，金融機関やその他のサービスの契約者向けのメールを装って偽装Webサイトに誘導し，口座番号と暗証番号やユーザIDとパスワードを盗み出そうとするものである。標的型攻撃は，迷惑メールとフィッシングが主として無差別に多量のメールを送信するのに対して，ある特定の相手にのみ絞り込んでメールを送信し，その相手に合わせた文面と添付ファイルによってマルウェアに感染させるなどによって主に情報の入手を狙うものである。

いずれの場合でも以前はメール本文の内容から迷惑メールの類であることがわかりやすいことも多かったが，近年は文章や記述が工夫されているものも増えている。そのため，最近のメールソフトウェアが備えている迷惑メールフィルタ機能でも分類に失敗することがある。単なる広告メールであれば，多少すり抜けてきたものを見る羽目になってもその数が抑えられていれば実害は少なくてすむが，マルウェア感染を意図したものやフィッシングに関しては閲覧して感染してしまったり，詐欺に引っかかってしまったりする恐れがある。また，標的型攻撃の場合は，特定の組織の構成員に絞り込んで送信する際，本文もその組織にあわせたあたかも業務上あり得そうな文面となるので，フィッシングなどよりも見分けることが難しい。また，標的型攻撃ではメールの送信先が絞り込まれるので，ウィルス対策ソフトウェアの開発元でも捕捉が難しいため，

対応が遅くなるという問題もある。

そのため，特に標的型攻撃では，安易にメール内に書かれている Web サイトへのリンクや添付ファイルを開かないように組織の構成員を教育し，演習等によって身につけさせることも必要とされている。

（3）システムへの侵入対策

不正アクセスとは，そのシステムの使用権限を持たない者が不正にユーザ認証情報を取得したりシステムの脆弱性を利用したりすることでアクセスし，情報の盗聴や改ざん等の不正行為を行うことである。不正アクセスは一般的に攻撃用ツールと呼ばれるソフトウェアやマルウェアを用いて行われる。そのため，まず前述のマルウェアと同様の対策は必須である。

マルウェア対策以外に重要なものとしては，ファイアウォールにより不要な通信を行えないようにすることがある。元々ファイアウォールは組織の LAN とインターネットを接続する箇所に設置され，不要な通信を遮断するものであった。最近ではマルウェアに感染したコンピュータが LAN に繋がれていると，そのコンピュータからも攻撃されることになるので，オペレーティングシステム等においてファイアウォール機能を備え，LAN との通信でも不要なものを遮断するのが一般的となっている。ただし，ファイアウォールは，必要な通信は通過させる。例えば Web サーバとして稼働するコンピュータの場合は，その Web ページをアクセスするための通信は必要なので通過させることになる。現在ではその必要な通信の中に脆弱性を狙った攻撃が含まれることも多く，ファイアウォールだけでは防ぎきれない。そのため，通過させる通信の内容を監視し，攻撃と思われる通信を検知する侵入検知システム（Intrusion Detection System：IDS）を用いる場合もある。また，多くの不正アクセスでは既知の脆弱性を利用するものが多いので，オペレーティングシステムや Web サーバソフトウェア等を常に最新の状態に更新しておくことが有効である。

一方，業務上必要に応じて，利用者向け Web ページ等の構築において特注で開発，あるいは既存のものをカスタマイズしたソフトウェアを用いる場合がある。このような場合，一般に準備される更新版が存在しないので，特に脆弱性がないかどうかに注意をする必要がある。例えば，内部でリレーショナルデ

ータベースを用いる場合はSQLインジェクション（SQL Injection）[2]の危険がないかなどのチェックが必要となる。SQLインジェクションはあくまでも一例であるので，最新の脆弱性や危険性情報を例えば以下のような組織から入手してチェックし，対応することが必要になる。

- 独立行政法人情報処理推進機構（IPA）：http://www.ipa.go.jp/
- 一般社団法人JPCERTコーディネーションセンター：http://www.jpcert.or.jp/

　コンピュータのログイン等においてユーザIDとパスワードを認証情報として用いることが一般的であるが，これの漏洩や推定しやすいパスワードを使用しないようにすることも重要である。インターネットからアクセス可能なコンピュータに対してはいくつかのよく使われていそうなパスワードでログインを試みる攻撃が毎日のように行われている。特に担当者等のパスワード以外に，システムの内部的なユーザIDについてもパスワードを強固なものにしておくか，そもそもログインできないようにロックしておくなどの対策も重要である。

（4）館内利用者端末の保全

　最後に図書館館内で利用者に開放する端末類に関しても簡単に触れておく。OPAC検索やインターネットのWebページ閲覧等のためにこれらの端末は準備されるが，実際に用いられるのはパソコンであるので，既に述べたようなマルウェアに対する対策は欠かせない。その上で，多くの人が共用するという観点で次のような対策を施すことが求められる。

　①利用権限の制限……OPAC検索やWebページ閲覧等の利用者向けに限定された機能以外を使えないようにする。

　②利用履歴や利用者データの削除……Webページ閲覧履歴やキャッシュデータ[3]，ダウンロードしたファイル等を利用者交代の際等に削除し，他の利用者

2：SQLインジェクションとは，OPAC検索等のWWWで提供しているサービスにおいて利用者入力の処理に問題があり，外部から入力されたSQL命令によって内部のデータベースを不正に操作されることである。
3：キャッシュデータとは，Webページ閲覧の高速化のために，一度閲覧したWebページのデータをパソコン内に一時的に保存しているものである。

がどういう使い方をしたかがわからないようにする。

　③システム設定・管理機能の制限……利用者によりシステムの設定が変えられてしまわないように，その管理機能を制限する。

　④Web サイトのフィルタリング……子供を含む多くの利用者が触れる可能性がある場合には，不適切な Web サイトの閲覧等を制限することも検討が必要である。

　以上のような機能の制限はオペレーティングシステムの管理機能で実現できることが一般的である。

9章　ネットワーク社会の中での図書館サービス

　本書では，現在の図書館において用いられる基盤的情報技術，図書館システムの構成，そしてネットワーク環境を指向した図書館サービスを作り上げるための情報技術について述べた。本書のまとめとして，現代の情報環境において図書館に求められるサービスとそれを支える情報技術の面から考察してみたい。

1. ネットワークを情報基盤とする社会における図書館サービス

　ネットワーク化が進み，電子出版が発展していくことは疑えない。「電子化が進んでいくと本はなくなるのですか？　図書館はなくなるのですか？」は，かつてよく耳にした質問である。これまでに蓄積されてきた多くの書物がなくなるわけではなく，さらに冊子体の図書の出版がなくなってしまうわけではない。媒体に関わらず出版物を多数集め，組織化して，提供し，保存し，そして情報を探す利用者の手助けをするという機能が，社会にとって不要にならない限り，図書館がなくなることはない。しかし，その一方で，図書館が社会のネットワーク化に十分についていけなくなると，その存在がネットワーク社会の中で見えなくなってしまう危険性はある。

　図書館は，社会の変化に合わせてその機能を進化させてきたのであるから，デジタル化，ネットワーク化の中で利用者のニーズを満たすためのサービスを提供していくことが基本である。現在では，大学図書館や公共図書館がインターネット上でOPACサービスを提供することは普通になってしまった。図書館がソーシャルネットワーキングサービス（SNS）を利用したサービスを展開することも進められている。新しい技術を用いたサービスを展開していくだけではなく，そこから得られるさまざまな知見を新しいサービスに結び付けていかねばならない。こうしたことを進めていくために，図書館員には，図書館に

期待される付加価値とそれを実現するための情報技術に対する正確な理解を持つことが求められる。

2．電子図書館（デジタル図書館，Digital Library）

　電子図書館は，1990年代からインターネットにおける重要な機能として認められてきた。電子図書館とはどのようなものであるかということ自体，さまざまな見方があるが，電子図書館に関する共通理解は，「いつでも，だれでも，どこからでも，必要な資料を探し，閲覧できるサービスないしその環境」であろう。以下にいくつかの電子図書館の見方あげてみよう。

- 自分の欲しい情報はいつもインターネットで見つけるからインターネットは電子図書館である。
- 電子図書館はインターネット経由で使う図書館サービスである。したがって，OPACも，レファレンスサービスも，電子ジャーナルも，そのほかのサービスもできるだけインターネットからアクセスできるようにしたものが電子図書館である。
- 電子図書館は，所蔵資料を電子化して作るデジタルコレクション，電子書籍や電子ジャーナル，そのほかのデジタル情報資源を，収集，組織化・蓄積し，長期に渡って保存しつつ利用者に提供するサービスである。ただし，それなりの量のコンテンツを持っていることが重要である。

　最初の見方は，利用者視点，あとの二つの見方は図書館視点の見方である。どの見方が正しいということはない。しかしながら，利用者にとっては欲しいものを見つけられることが第一であり，使いやすいことが重要である。ネットワーク環境においては，コンテンツやサービスに関する情報を，第三者が利用可能な形で提供しておくことが重要である。そうすることで壁のない電子図書館が出来上がっていくことになる。

3. ネットワーク環境における書誌データ（メタデータ）の役割

　図書館の基盤は，いうまでもなく，図書館が利用者に提供することのできる資料である。多種多様かつ大量の資料を適切かつ効率的に管理し，利用者に提供するために図書館の情報技術は発展してきた。ネットワーク化の進展によって図書館の情報技術も大きな影響を受けた。図書館システムの核である目録システムも大きな影響を受けている。目録作成は人手により行われるためコストのかかる作業である。さらに，件名標目表（Subject Headings）や分類（Classification），人名や地名などの典拠ファイル（authority files）等の維持管理もコストがかかる作業である。

　こうしたデータは図書館が長い時間と高いコストをかけて作り上げてきたものであり，図書館員の専門性を表すものであるともいえる。ところが，誰もが簡単にインターネット上での検索を行っている現代において，品質は高いがコストが高くつくデータをどのようにして作り，使い続けていくかは一つの課題となっている。こうしたデータは図書館の専門性が色濃く反映されたものであり，ことばや概念の意味を反映した重要なデータ資産である。従来はこうしたデータが図書館システムの中でのみ使われてきたが，最近ではResource Description Framework等のWebのメタデータ技術を利用することで，より広い範囲の応用領域で使うことができるようになることが期待されている。換言すると，図書館が社会的に確立された存在であるとはいっても従来のサービスの仕方のままでは必ずしも生き残っていくことはできず，社会の情報環境に合わせたサービス方法とそれを支える情報技術について，常に考えていかねばならないことを意味している。

　インターネット上のメタデータの相互運用性は非常に重要な話題である。従来の図書館システムでは異なる館をつなぐ場合であっても，図書館の書誌データという共通のメタデータ基盤があった。ところが，インターネット上ではそうした共通の基盤のないシステム間でのメタデータを相互に利用することを考えなければならない。加えて，書誌データに限らず，権利管理や利用者環境に

関する情報等，さまざまなメタデータを組み合わせて使うことも必要になる。

4．デジタル情報資源のアーカイブと長期利用・長期保存

　現代社会では，すでに大量のデジタル情報資源が蓄積されており，これを将来に残していくことは大きな課題である。そのため，電子図書館の所蔵資料，大規模なデータセットの保存，インターネット上の情報資源を保存する取組みが広く進められている[1]。こうした取り組みは収集の難しさに加えて，デジタル情報資源を長期に渡って保存するという難問を抱えている。

　デジタル情報技術の変化の速さ故に，デジタル情報資源の長期利用・長期保存は重要であるが，完全な解決が難しい問題として広く認識されている。一般的な解決方法としては，既存の利用環境を新しいコンピュータ上に実現していくエミュレーション（emulation）と，情報資源を新しい環境に移植していくマイグレーション（migration）の二つがある。いずれの場合もさまざまな技術的課題が残されている。その一方，現実の図書館環境においては電子資料が多くあり，それらを保存していかねばならない。

　保存に関してはOpen Archival Information System（OAIS）と呼ばれる国際標準やそれに適合するよう定義されたメタデータの標準規格が用いられる[2]。現実には，できるだけ標準的に用いられるファイルフォーマットを用いること，保存に必要な情報をメタデータとして記録し，それも一緒に保存すること，そして保存の過程をきちんと計画的に管理していくことが必要である。また，国立国会図書館や国立公文書館のように実績を持つ組織に学ぶことも重要であろう。

　デジタル情報資源の長期保存，長期利用に関する取り組みを進めているイギリスのDigital Curation Centreは，デジタル情報資源を長期に利用可能にすることによって新たな価値を付加していくことができると述べている。書物や

1："WayBack Machine". Internet Archive. http://archive.org/, (access 2014-01-17).
　Executive Branch of the Federal Government. "DATA.GOV". http://www.data.gov/, (access 2014-01-17).
2：Reference Model for an Open Archival Information System (OAIS), CCSDS 650.0-B-1 Blue Bool, 2002.1, 148p.

文書に限らず，現代社会が作り出すさまざまなデジタル情報資源を，収集し，保存し，提供し続けることは，図書館に求められる重要な役割である。

5．利用者や利用環境の特性に応じたサービス

　来館者に対するサービスは，大人か子供か，日本語が理解できるか，視覚や聴覚などに何らかの障がいがあるかといった来館者の特性を直接知ることができ，特性に応じた情報資源を選択し提供することができる。しかしながら，ネットワークを介した利用者の場合，そうした利用者の特性を直接識別することは必ずしも容易ではない。また，同一の利用者であっても，異なる利用環境で利用することがある。ネットワークを介した図書館サービスの場合，こうした要件を満たす必要がある。例えば，視覚に障がいを持つ利用者に提供するデジタルコンテンツは自動的な内容の読み上げが可能なものを提供すべきである。こうした環境を構築していく上で，必要な技術要素，例えばアクセシビリティに関するガイドラインやメタデータの標準規格等が必要とされる。

6．ネットワークを介してつながること：相互運用性と開放性

　インターネット上でサービスを提供する上で重要なことは他のサービスとの連携が可能であるように，メタデータやAPIの相互運用性を考慮することである。特に，メタデータの相互運用性の重要性は情報資源の長期利用の観点からも非常に重要である。相互運用性と開放性を高めるには，独自の規格を作らないこと，できるだけ広く利用されている標準規格を用いることが基本である。
　おわりに，普段の生活の中で，情報を得るために私たちがどのようにインターネットを利用しているか，そしてどれだけ頼っているかを考えると，インターネット抜きに図書館のサービスを考えることができないことは容易に理解できる。その一方，インターネットから得られる情報には信頼性，品質，精度といった問題があることも私たちは知っている。図書館がインターネット上に良質な情報資源を提供していくことは無論重要である。それに加えて，インター

ネットの適切な利用の支援は図書館の利用者に対する重要なサービスであろう。こうしたサービスを実現していく上で，インターネットとその上の情報資源に関する技術的知識を持つことは図書館員にとって大いに重要なことである。

　図書館が提供する情報資源には有形物もあれば，無形物もある。図書館が利用者に提供する環境に関しても，閲覧室や児童コーナーといった物理的な空間もあれば，電子図書や電子雑誌，そして図書館に関わるさまざまな情報を提供する仮想的な閲覧空間もある。これからの図書館は，こうした物理的な空間も，仮想的な空間もうまく使って利用者に高品質なサービスを提供していかねばならない。こうしたサービスを実現するには，図書館自体が持つ情報をうまく使えるようにしていかねばならない。こうした意味からも，図書館員には，コンピュータやネットワークを効果的に利用していくための情報技術を持つことが求められる。

参考文献
(より進んだ勉強のために)

1章

笠羽晴夫. デジタルアーカイブ 基点・手法・課題. 水曜社, 2010, 204p., (文化とまちづくり叢書).
杉本重雄. "デジタル世界における図書館とアーカイブズ". 図書館・アーカイブズとは何か. 藤原書店, 2008, p.104-111, (別冊『環』, 15).
長尾真. 電子図書館. 新装版, 岩波書店, 2010, 127p.
ヘンリー・ペトロスキー；池田栄一翻訳. 本棚の歴史. 白水社, 2004, 287p.

2章

白鳥則朗監修. コンピュータ概論. 共立出版, 2013, 257p., (未来へつなぐデジタルシリーズ, 17).
谷口秀夫. オペレーティングシステム概説：その概念と構造. サイエンス社, 2000, 150p., (Information Science & Engineering, S5).
寺沢幹雄, 松田高行, 福田收. 情報基礎と情報処理：office2010対応. 第2版, 昭晃堂, 2011, 195p.
橋本洋志, 冨永和人, 松永俊雄. 図解コンピュータ概論：ソフトウェア・通信ネットワーク. 改訂3版, オーム社, 2010, 251p.

3章

アライド・ブレインズ編. Webアクセシビリティ完全ガイド：ウェブコンテンツJIS〈X 8341-3：2010〉徹底解説. 日経BP社, 2010, 240p.
アンク. HTMLタグ辞典：+CSS. 第7版, 翔泳社, 2012, 387p.
高橋麻奈. やさしいXML. 第3版, ソフトバンククリエイティブ, 2009, 469p.
渡辺将人. 図解満載Web技術の重要用語解説. 技術評論社, 2011, 223p.

4章

押山隆. EPUB3標準マニュアル：FUSEeβ/Sigil/Word/テキストで作る！. インプレスジャパン, 2012, 342p.
John Whitington；村上雅章訳. PDF構造解説. オライリージャパン, 2012, 225p.
スコット・モスコウィッツ；坂本仁訳. 電子透かし：その技術的, 経済的, 法的, 暗号的, 倫理的側面. セレンディップ, 1999, 158p.
結城浩. 暗号技術入門：秘密の国のアリス. 新版, ソフトバンククリエイティブ, 2008, 404p.

5章

五十嵐貴之．これならわかるSQL入門の入門．ケイズプロダクション編著．翔泳社，2007, 311p.

ZAPA．公開API活用ガイド：Webの「API」を使って「Webサービス」をより便利に！．工学社, 2010, 223p., (I/O books).

田窪直規編．情報資源組織論．樹村房, 2012, 209p, (現代図書館情報学シリーズ, 9).

谷尻かおり．これだけはおさえたいデータベース基礎の基礎：エンジニア「確実」養成講座Ver.2.0. 改訂新版, 技術評論社, 2009, 319p.

D. A. ノーマン著，野島久雄訳．誰のためのデザイン？：認知科学者のデザイン原論．新曜社, 1990, 403p., (新曜社認知科学選書).

増永良文．リレーショナルデータベース入門：データモデル・SQL・管理システム．新訂版, サイエンス社, 2003, 361p., (Information & computing, 43).

6章

神崎正英．セマンティックHTML/XHTML．毎日コミュニケーションズ, 2009, 415p.

谷口祥一．メタデータの「現在」：情報組織化の新たな展開．勉誠出版, 2010, 154p., (ネットワーク時代の図書館情報学).

トム・ヒース，クリスチャン・バイザー；武田英明監訳．Linked Data：Webをグローバルなデータ空間にする仕組み．近代科学社, 2013, 139p.

メタデータ基盤協議会．"メタデータ情報共有のためのガイドライン"．メタデータ基盤協議会Webサイト．http://www.mi3.or.jp/origin/report-guideline.html, (参照2014-03-14).

7章

神崎正英．セマンティック・ウェブのためのRDF/OWL入門．森北出版, 2005, 224p.

W3C. "Latest "RDF Primer" versions". http://www.w3.org/TR/rdf-primer/, (参照2014-03-14).

山本陽平．Webを支える技術：HTTP, URI, HTML, そしてREST．技術評論社, 2010, 377p., (WEB + DB press plusシリーズ).

Leonard Richardson, Sam Ruby；山本陽平監訳．RESTful Webサービス．オライリー・ジャパン, 2007, 444p.

8章

Cyrus Peikari, Anton Chuvakin；西原啓輔監訳．セキュリティウォリア：敵を知り己を知れば百戦危うからず．オライリージャパン, 2004, 539p.

情報処理推進機構．情報セキュリティ読本：IT時代の危機管理入門．四訂版, 実教出版, 2012, 137p.

John Viega；葛野弘樹監訳．セキュリティの神話．オライリージャパン，2010，282p．
Jon Erickson；村上雅章訳．Hacking 美しき策謀：脆弱性攻撃の理論と実際．オライリージャパン，2005，273p．

9章
知のデジタルアーカイブに関する研究会．"知のデジタルアーカイブ―社会の知識インフラの拡充に向けて―提言"．2012-03-30．PDF，http://www.soumu.go.jp/main_content/000156248.pdf，（参照2014-03-14）．
知のデジタルアーカイブに関する研究会．"デジタルアーカイブの構築・連携のためのガイドライン"．2012-03-26．PDF，http://www.soumu.go.jp/main_content/000153595.pdf，（参照2014-03-14）．

〈Web上でアクセスできるデジタルアーカイブ〉
　インターネット上でのサービスを実際に使ってサービスについて考えてみることを強くすすめる．代表的なものを以下に掲げておく．
- 国立国会図書館：同館のホームページから電子図書館のページへ進むと，いくつものサービスを見ることができる（http://www.ndl.go.jp/，参照2015-02-01）．
  - ・近代デジタルライブラリ：明治期以降に刊行された図書・雑誌を収集した（http://kindai.ndl.go.jp/，参照2015-02-01）．
  - ・ひなぎく NDL 東日本大震災アーカイブ：東日本大震災に関する記録等を構成に伝え，今後の復興と防災に役立てるために収集・公開するデジタルアーカイブ（http://kn.ndl.go.jp/，参照2015-02-01）．
- 国立公文書館：公文書，歴史文書を提供している．国立公文書館のアジア歴史資料センター（http://www.jacar.go.jp/）は明治維新から太平洋戦争までの公文書をデジタル化して提供している（http://www.archives.go.jp/，参照2015-02-01）．
- 青空文庫：誰からもアクセスできる小説等のコンテンツを集め，インターネット上で図書館のようにアクセスできるようにすることを目的に，ボランティアによって作られたサイト（http://www.aozora.gr.jp/，参照2015-02-01）．
- アメリカ議会図書館：アメリカ議会図書館のサイトではいろいろなサービスが提供されている（http://www.loc.gov/，access 2015-02-01）．
  - ・American Memory：1990年ごろから構築の始まったもので，多数のデジタル化資料を提供している（http://memory.loc.gov/，access 2015-02-01）．
- Digital Public Library of America：アメリカにおける多数のデジタルコレクションへの入り口として，デジタル公共図書館の役割を果たす（http://dp.la/，access 2015-02-01）．
- Europeana：ヨーロッパの多数の図書館，博物館，美術館，文書館等の連携により多数のデジタルコンテンツを収集し，提供している（http://europeana.eu/，access 2015-02-01）．

さくいん

あ行

アイコン　36
アクセシビリティ　78
アップデート　32
アナログデータ　37
アプリケーションプロファイル　150

イメージスキャナ　25, 46
インストール　20
インターネット　52

ウィンドウ　36

横断検索システム　109
オーディオインターフェース　25
オープンソース・ソフトウェア　135
オペレーティングシステム　27
オリジナル・カタロギング　102
音声　46
オントロジー　172

か行

外字　43
外部記憶装置　20
画像解像度　46
画像データ　46
仮想メモリ　31
関係型データベース　112
管理メタデータ　144

記述メタデータ　144
具体的表現形式（メタデータの）　149
クライアント　51
クライアント・サーバ・モデル　51
クラス　150
グラフィティカルユーザインタフェース　35

形態素解析　140

公開鍵暗号　94
構造的制約（メタデータの）　149
構造メタデータ　144
国立国会図書館サーチ　144
コピー・カタロギング　102
コンテントネゴシエーション　177
コンピュータ　17
コンピュータウィルス　189
コンピュータネットワーク　49

さ行

サーバ　51
サンプリング　47

自動化書庫　108

周辺装置　17
冗長化　184, 186
情報技術　2
情報資源　8
シンガポールフレームワーク　150
侵入検知システム　192
シンプルDC　151

スタイルシート　83
スニペット　146
スパイウェア　189

脆弱性　190

ソフトウェア　26

た行

タグ　80
タグセット　80
タッチスクリーン　24
タッチパネル　24
データベース（Database）　32, 111
データベース管理システム　34, 111
デジタルカメラ　45
デジタル著作権管理　92
デジタルデータ　37
デジタル図書館　196

電子図書館　196
電子文書　84
電子メール　53

転置索引　138

動画　48
図書館業務システム　97
図書館システム　96
図書館間相互貸借　110
図書館パッケージ　98
ドメインネームシステム
　　　　　　　　53
トロイの木馬　189

　　　　な行
入出力チャネル　17

ネームサービス　53
ネットワーク系資料　6, 91
ネットワークハブ　49

　　　　は行
バーコードリーダ　25
パッケージ系資料　6
ハードウェア　26
バイト　38
ハイパーテキスト　57
ハイパーリンク　57
バックアップ　183, 187
パッケージ系資料　91

ピア・ツー・ピア　52
ピクセル　44
ビット　38

ファイアウォール　192
ファイル　20
ファイル転送　53
フィッシング　191
フォルダ　21
プログラム　17
プロトコル　55
プロパティ　150
文書型宣言　82

ページ記述言語　89
ペンタブレット　24

　　　　ま行
マークアップ言語　80
マウスカーソル　36
マッシュアップ　157
マルウェア　183, 189

無線LAN　51
無停電電源装置　185

迷惑メール　191

メタデータ　8, 142, 197
メタデータ語彙　149
メタデータスキーマ　148
メモリ　17

文字コード表　42
文字コード　42
文字化け　43
文字符号表　42

　　　　や・ら行
ユーザインタフェース　35

リフロー　87
リムーバブルメディア　23
リレーショナルデータベース
　――結合（join）　114
　――射影（projection）
　　　　　　　　114
　――選択（select）　114
リレーショナルデータベース管理システム　111

ルータ　52

欧文さくいん

A　administrative metadata　144
　　API　11, 135
　　Application Profile　150
　　Application Programming Interface
　　　　　　　　11, 135
　　ASCII　42
C　Cascading Style Sheets　62

　　CGI　74
　　CiNii　145
　　CMS　75
　　Common Gateway Interface　74
　　Content Negotiation　177
　　Contents Management System　75
　　CPU　17

さくいん | *207*

CQL 179
Creative Commons 93
CSS 62, 67
CSSスタイルシート 67
D Database（データベース） 32, 111
Database Management System 34
DBpedia 155
DCMES 151
descriptive metadata 144
DHCP 51
Digital Library 196
Digital Rights Management 92
DNS 53
DOC 89
Document Type Definition 82
DOCX 89
Domain Name System 53
DRM 92
DTD 82
Dublin Core Metadata Element Set 151
Dublin Core Metadata Terms 152, 162
E EPUB 89
Exif 147
Extensible Markup Language 80
Extensible Stylesheet Language 83
F Flash 73
FOAF 153
FRBR 133
Functional Requirements for Bibliographic Records 133
G Graphitical User Interface 35
GUI 35
H HTML 58, 61, 63, 89
HTML5 73
HTMLタグ 63

HTTP 58
Hypertext Markup Language 58
Hypertext Transfer Protocol 58
I icon 36
ICタグ 26
Internet 52
IPv6アドレス 52
IPアドレス 50
J JavaScript 72
JSON 178
L LAN 50
Linked Data 155
Linked Open Data 155
Local Area Network 50
LOD 155
LODクラウド 155
M MARC 97
Microdata 146
Microformats 146
N NACSIS-CAT 102
N-gram 140
O OAIS 198
OPAC 10, 104
Open Archival Information System 198
OpenSearch 178
OpenURL 176, 178
OWL 172
P P2P 52
PDF 89
Peer to Peer 52
Portable Document Format 89
protocol 55
R RAID 186
RDA 133
RDBMS 112
RDF 160, 163

　　　　　―リソース　163
　　　　　―リテラル　164
　　　RDF/XML　170
　　　RDFa　146
　　　RDF スキーマ　171
　　　Relational Database Management
　　　　　System　112
　　　Resource Description and Access
　　　　　　　　　　　　　　　133
　　　Resource Description Framework
　　　　　　　　　　　　　160, 163
　　　REST　175
S　Semantic Web　155, 157
　　　SKOS　158, 172
　　　SQL　118
　　　SRU　178
　　　SRW　178
　　　structural metadata　144
U　Unicode　43

　　　Uniform Resource Identifier　59
　　　Uniform Resource Locator　59
　　　UPS　185
　　　URI　59, 160
　　　URL　59
　　　USB　26
　　　user interface　35
W　Web API　135, 178
　　　Web Ontology Language　172
　　　Web ブラウザ　59
　　　Web ページ　56
　　　Wi-Fi　51
　　　Wiki　77
　　　Window　36
　　　World Wide Web　55
X　XML　80, 89
　　　XSL　83
Z　Z39.50　178

[シリーズ監修者]

高山正也（たかやま・まさや）　前国立公文書館館長／慶應義塾大学名誉教授

植松貞夫（うえまつ・さだお）　跡見学園女子大学文学部教授／筑波大学名誉教授

[編集責任者・執筆者]

杉本重雄（すぎもと・しげお）

- 1953　大阪市に生まれる
- 1977　京都大学工学部情報工学科卒業
- 1982　京都大学大学院工学研究科博士後期課程情報工学専攻単位取得退学
京都大学工学部助手，図書館情報大学図書館情報学部助手，助教授，教授を経て
- 現在　筑波大学図書館情報メディア系教授
京都大学工学博士（1985）
- 主著　「デジタル世界における図書館とアーカイブズ」『別冊環15 図書館・アーカイブズとは何か』（共著）藤原書店，「メタデータの基礎概念とモデル」『図書館目録とメタデータ』（共著）勉誠出版，ほか

[執筆者]

阪口哲男（さかぐち・てつお）

- 1965　兵庫県神戸市に生まれる
- 1986　国立明石工業高等専門学校電気工学科卒業
- 1988　図書館情報大学図書館情報学部卒業
- 1990　図書館情報大学大学院図書館情報学研究科修了（学術修士），図書館情報大学図書館情報学部助手
- 1999　図書館情報大学図書館情報学部助教授を経て
- 現在　筑波大学図書館情報メディア系准教授
筑波大学博士（工学）（1997）
- 主著　『情報機器論』（共著）東京書籍

永森光晴（ながもり・みつはる）

- 1970　東京都に生まれる
- 1993　図書館情報大学図書館情報学部卒業
- 1995　図書館情報大学大学院図書館情報学研究科修了，図書館情報大学図書館情報学部助手を経て
- 現在　筑波大学大学院図書館情報メディア系／知的コミュニティ基盤研究センター講師
- 主著　『図書館目録とメタデータ』（共著）勉誠出版

原田隆史（はらだ・たかし）

- 1960　京都府亀岡市に生まれる
- 1982　同志社大学工学部工業化学科卒業
- 1984　同志社大学大学院工学研究科修士課程修了
- 1986　慶應義塾大学大学院文学研究科図書館・情報学専攻修士課程修了
- 1989　慶應義塾大学大学院文学研究科図書館・情報学専攻博士課程単位取得退学
慶應義塾大学文学部准教授を経て
- 現在　同志社大学社会学部教授
- 主著　『図書館情報学ハンドブック第2版』（分担執筆）丸善，『情報資源組織論』（共著）樹村房，ほか

藤田岳久（ふじた・たけひさ）

- 図書館情報大学図書館情報学部卒業
- 図書館情報大学大学院図書館情報学研究科修士課程修了
- 図書館情報大学図書館情報学部助手を経て
- 現在　共立女子大学文芸学部准教授
- 主著　『情報機器論』（共著）東京書籍，『図書館情報学ハンドブック第2版』（分担執筆）丸善，『新訂 情報検索演習』（共著）東京書籍，『情報化社会の生涯学習』（共著）学文社，ほか

現代図書館情報学シリーズ…3

図書館情報技術論

2014年3月28日　初版第1刷発行
2015年2月18日　初版第2刷

〈検印省略〉

著者代表Ⓒ　杉　本　重　雄
発行者　　大　塚　栄　一

発行所　株式会社　樹村房
JUSONBO

〒112-0002
東京都文京区小石川5-11-7
電　話　　03-3868-7321
ＦＡＸ　　03-6801-5202
振　替　　00190-3-93169
http://www.jusonbo.co.jp/

印刷　亜細亜印刷株式会社
製本　有限会社愛千製本所

ISBN978-4-88367-203-5　乱丁・落丁本は小社にてお取り替えいたします。

高山正也・植松貞夫　監修　**現代図書館情報学シリーズ**

[全12巻完結]
各巻Ａ５判　本体2,000円（税別）

▶本シリーズの各巻書名は，平成21(2009)年4月に公布された「図書館法施行規則の一部を改正する省令」で新たに掲げられた図書館に関する科目名に対応している。また，内容は，「司書資格取得のために大学において履修すべき図書館に関する科目の在り方について（報告）」（これからの図書館の在り方検討協力者会議）で示された〈ねらい・内容〉をもれなくカバーし，さらに最新の情報を盛り込みながら大学等における司書養成課程の標準的なテキストをめざして刊行するものである。

1	図書館概論	高山正也・岸田和明／編集
2	図書館制度・経営論	糸賀雅児・薬袋秀樹／編集
3	図書館情報技術論	杉本重雄／編集
4	図書館サービス概論	宮部頼子／編集
5	情報サービス論	山﨑久道／編集
6	児童サービス論	植松貞夫・鈴木佳苗／編集
7	情報サービス演習	原田智子／編集
8	図書館情報資源概論	高山正也・平野英俊／編集
9	情報資源組織論	田窪直規／編集
10	情報資源組織演習	小西和信・田窪直規／編集
11	図書・図書館史	佃　一可／編集
12	図書館施設論	植松貞夫／著

樹村房